Hans Hellmut Kirst wurde am 5. Dezember 1914 in Osterode in Ostpreußen geboren. Seine Vorfahren waren Bauern, Beamte und Handwerker. Im zweiten Weltkrieg nahm er an den Feldzügen in Polen, Frankreich und Rußland teil. Später versuchte er sich in vielen Berufen, war landwirtschaftlicher Angestellter, Straßenarbeiter, Gärtner, Dramaturg und Kritiker. Sein erstes Buch veröffentlichte er 1950, jetzt sind es 35 mit einer Weltauflage von 12 Millionen Exemplaren in 30 Sprachen.

Außer dem vorliegenden Band sind von Hans Hellmut Kirst
als Goldmann-Taschenbücher erschienen:

Aufruhr in einer kleinen Stadt. Roman (8487)
Aufstand der Soldaten. Roman (6895)
Fabrik der Offiziere. Roman (6588)
Faustrecht. Roman (6597)
Generalsaffären. Roman (3906)
Glück läßt sich nicht kaufen. Roman (3711)
Gott schläft in Masuren. Roman (6444)
Held im Turm. Roman (6615)
Kameraden. Roman (6789)
Keiner kommt davon. Roman (3763)
Kein Vaterland. Roman (6823)
Kultura 5 und der Rote Morgen. Roman (6844)
Letzte Station Camp 7. Roman (6605)
Mit diesen meinen Händen. Roman (8367)
Der Nachkriegssieger. Roman (6545)
Die Nacht der Generale. Roman (3538)
08/15 in der Kaserne. Roman. Teil 1 der »08/15«-Trilogie (3497)
08/15 im Krieg. Roman. Teil 2 der »08/15«-Trilogie (3498)
08/15 bis zum Ende. Roman. Teil 3 der »08/15«-Trilogie (3499)
08/15 heute. Der Roman der Bundeswehr (1345)
Das Schaf im Wolfspelz. Ein deutsches Leben (8658)
Verdammt zum Erfolg. Roman (6779)
Verfolgt vom Schicksal. Roman (8815)
Verurteilt zur Wahrheit. Roman (8848)
Wir nannten ihn Galgenstrick. Roman (8507)
Die Wölfe. Roman (6624)

Hans Hellmut

# KIRST

# Deutschland, deine Ostpreußen

GOLDMANN VERLAG

Ungekürzte Ausgabe

Der Goldmann Verlag
ist ein Unternehmen der Verlagsgruppe Bertelsmann

Made in Germany · 1. Auflage · 7/88

Umschlagentwurf: Design Team München
Farbige Umschlagzeichnung: Klaus Espermüller, München
Satz: IBV Satz- und Datentechnik GmbH, Berlin
Druck: Elsnerdruck, Berlin
Verlagsnummer: 9096
MV · Herstellung: Sebastian Strohmaier
ISBN 3-442-09096-2

# Vorwort

Dies ist ein Buch voller Vorurteile.

Nicht wenige Zeitgenossen besitzen stattliche Mengen davon – nicht zuletzt Ostpreußen gegenüber.

Auch ich bin randgefüllt damit – aber das sogar für Ostpreußen. Da ich aber das eine nicht übergehen, das andere nicht vergessen kann, ist durchaus möglich, daß sich das irgendwie ausgleicht.

Die Liebe jedoch, die ich für dieses Land und seine Menschen – für einen großen Teil davon zumindest – empfinde, werde ich in diesem Buch kaum verleugnen können.

Durchaus denkbar jedoch, daß die Ostpreußen selbst das gar nicht merken. Denn jeder von ihnen hat sein ureigenes Verhältnis zu diesem Land. Das sei ihnen nicht nur gegönnt – sie haben es auch verdient.

## 1. Kapitel

# Verloren – aber was?

Land des Lichts...
Über deinen Geheimnissen kreisen die Möwen. Aus dir gibt es keine Rückkehr. Meine Seele ist dir verfallen. Ich gehöre dir.
*Hansgeorg Buchholtz*

Der Mann, der das geschrieben hat, ist kein Ostpreuße gewesen. Zumindest nicht das, was man einen »waschechten« Ostpreußen zu nennen pflegte. Er ist weder in jenem Land geboren worden, noch wird er dort sterben dürfen.

Aber – er hat in Ostpreußen gelebt!

Und wer einmal in Ostpreußen gelebt hat – und sei es auch nur kurze Zeit –, der kann es nie wieder vergessen. Der muß es lieben. Er hat gar keine andere Wahl. Sagen die Ostpreußen.

In einem deutschen Menschenleben, so hieß es allerorten bei uns, kann es zwei denkbar dunkle Tage geben – jener, an dem so ein Geschöpf nach Ostpreußen verschlagen wird, und dann jener, an dem dieses arme Wesen unser Land wieder verlassen muß.

Das aber mußten eines Tages Hunderttausende.

Was jedoch haben sie nun wirklich verlassen und – so ist zu fürchten – für alle Zeiten verloren? Ein Haus, einen Hof, eine Welt?

»Weit mehr noch als das«, sagte meine Mutter. »Unsere Familie hat aufgehört zu existieren – und so haben wir kaum noch Veranlassung, fröhliche Feste zu feiern.«

»So ein Leben ohne ostpreußische Feste«, sagte ein ländlicher Onkel, »ist furchtbar traurig! Wer hätte das wohl gedacht, daß selbst ich jemals die dämlichen Gesichter meiner lieben Verwandten vermissen würde!«

2. Kapitel

# Die freudigen Festteilnehmer

Was immer auch geschehen mag – Feste müssen gefeiert werden. Wie sie fallen.
Und wenn auch einer fällt, oder eben mehrere – jeder Anlaß, ein Fest zu feiern, ist uns willkommen.

*Bekenntnis eines Ostpreußen*

Da gab es in jedem Menschenleben Ereignisse, die ihm sicher waren. Etwa die Geburt und der Tod. Überall in der Welt ist das so – und zumeist wird das mehr oder weniger ergeben hingenommen. In Ostpreußen aber war das eine wie das andere in erster Linie zunächst nichts als ein Anlaß, wieder einmal ein Fest zu feiern.

Die Geburt eines Menschen muß nicht in jedem Fall ein reines freudiges Ereignis sein – doch in Ostpreußen war es das immer. Völlig gleichgültig dabei, ob nun dieses Kind ersehnt war oder nur unvermeidlich gewesen ist. Ob es ein Erbe sicherte oder keinen benennbaren Vater besaß. Ob es vor praller Gesundheit nur so strotzte oder kalkbleich, sich erbrechend, in den Windeln lag. Seine Ankunft wurde gefeiert.

Nicht anders, wenn der Tod nach einem Menschen gegriffen hatte. Unter welchen Umständen auch immer. Ein Mensch mochte ertrinken, unter die Räder geraten sein, sich ein Gewehr in den Rachen abgefeuert haben; er konnte von Wellen Alkohols ins Jenseits geschwemmt worden oder in einem fremden Bett verendet sein – um Details bekümmerte sich niemand sonderlich. Hauptsache: das Fest.

So was als eine spezielle ostpreußische Abart von Toleranz zu bezeichnen, fühle ich mich immer wieder versucht. Bei uns konnte geschehen, was auch immer – Gewaltanwendung und Verführung, Geistlichenlästerung und Totschlag sogar; selbst Mangel an Patriotismus war denkbar. Unsere Landsleute pflegten dann gewöhnlich zu sagen: »So was kann schließlich immer mal vorkommen – wo wir doch Menschen sind.«

Was war denn überhaupt in unserem Bereich vorstellbar, das schließlich nicht als »menschlich« bezeichnet worden wäre?

Vermutlich nur eins: das fehlende Verlangen, dennoch ein Fest zu feiern.

Ein schon in meiner Jugend, in den zwanziger Jahren gängiger »Völkerwitz« besagte etwa – gefällig abgewandelt und ergänzt:

> Ein Ostpreuße: ein Philosoph.
> Zwei Ostpreußen: zwei Rudel Patrioten.
> Drei Ostpreußen: mindestens ein Fest, möglicherweise drei – wenigstens doch eins von drei Tagen Dauer.

So wurden denn bei uns alle erdenklichen Feste denkbar freudig gefeiert. Bei einer Geburt hieß es: »Er kann von Glück sagen, daß er dieses Leben noch vor sich hat.« Bei einem Todesfall hieß es: »Er kann von Glück sagen, daß er dieses Leben hinter sich gebracht hat.« An soviel Glückseligkeit lebhaften Anteil zu nehmen, war jedermann jederzeit freudig bereit.

Doch was alles lag dann noch zwischen Wiege und Bahre? Da hatte jedes Menschenkind, Jahr für Jahr, einmal Geburtstag. Hinzu kamen, für die ganze Familie, die segensreichen Feiertage der Kirche, die bezeichnenderweise nur »Festtage« genannt wurden – zunächst Ostern, dann Pfingsten, und nicht zuletzt Weihnachten. Wer nicht spätestens am ersten Weihnachtstag drückende Magenbeschwerden verspürte, der durfte bei uns als nicht völlig normal gelten. Und das wollte niemand.

Bereits am Heiligen Abend pflegten wir Kinder nach übermäßigem Marzipangenuß wonnig vor uns hinzustöhnen. »Es hat ihnen gefallen«, registrierten dann die Eltern sachverständig und überaus zufrieden – ein, wie immer, gelungenes Familienfest hatte stattgefunden.

Sie dachten dabei bereits an den ersten Weihnachtstag – da trafen sich die nächsten Verwandten. Am zweiten Weihnachtstag wurden Freundschaften gepflegt – und auch die waren immer zahlreich. Am dritten Weihnachtstag pflegte die ferne Verwandtschaft nicht minder intensiv abgespeist zu werden.

Dann kamen die geruhsamen Tage der Verdauung – sie fanden zwischen Bratenschüsseln, Brotbergen und Gebirgen von Süßigkeiten statt. Zur Anregung weiterer Magentätigkeit diente scharfer, mindestens fünfzigprozentiger Schnaps; und der wurde, damit »es schneller ging«, nicht in Flaschen, sondern in Krügen serviert. Diese Zeit der Mäßigung dauerte bis zum Silvesterabend.

Dann begann das alles noch einmal; möglichst noch intensiver, mit Sicherheit ungetrübt genußbereit – sie feierten ihre Feste, bis sie fielen.

Und am Neujahrstag ging das so weiter.

Doch damit hatte unser ostpreußisches Jahr gerade erst richtig angefangen.

3. Kapitel

# Die feineren Unterschiede

...du wirst niemals wiederkehren.
Vergessen aber wirst du nicht.
*Marie-Luise Kaschnitz*

Unser Ostpreußen war nach dem Ersten Weltkrieg eine Art Insel. Im Norden das Meer, im Osten die Polen, im Süden auch die Polen und im Westen der sogenannte Korridor. Bezeichnenderweise: der polnische Korridor genannt.

Die meisten Menschen, die bei uns wohnten, behaupteten, »preußisch« zu sein. Andere bezeichneten sich als »mehr ostisch orientiert«. Auch damit war der Begriff »ost-preußisch« erklärbar. Vereinzelte Philosophen besaßen sogar die Kühnheit, diese mögliche doppelte Deutung als eine höchst fruchtbare, vielversprechende Mischung zu bezeichnen.

»Nur ein Land wie dieses konnte zwei so denkbar extreme Menschen hervorbringen wie Immanuel Kant und E. T. A. Hoffmann – wohl nirgendwo in der Welt sonst sind auf engerem Raum größere Gegensätze denkbar.« Das sagte einer meiner Lehrer, der überaus belesen war und der wohl nicht zuletzt deshalb in dem Verdacht stand, »ein Spinner« zu sein.

Doch es gab auch in den Dörfern meiner Kindheit einen Bauern, der nicht nur wußte, wer Kant gewesen war – er hatte sogar etliches von ihm gelesen und einiges davon auswendig gelernt. Ein anderer Bauer, in der gleichen Gegend, las nachweisbar E. T. A. Hoffmann. Beide waren erklärte Feinde; und das angeblich, weil sie mehrfach versucht haben sollen, sich gegenseitig minderwertiges Vieh zu verkaufen.

Bemerkenswerterweise behauptete zunächst keiner von ihnen, »ein Ostpreuße« zu sein. »Denn das«, versicherten sie übereinstimmend, »ist im Grunde niemand in diesem Land – weil niemand wirklich weiß, was das eigentlich ist.« Sie legten Wert auf feinere Unterschiede – und das taten im Lande fast alle.

So gab es denn bei uns Masuren und Oberländer, Königsberger und Samländer. Und weitere zehntausend versicherten überzeugt: »Elbinger sind wir – nichts weiter sonst!« Sie sagten, wenn sie es richtig aussprachen: Albinger.

Diese »Albinger« brauten immerhin ein ganz vorzügliches Bier; es wurde sogar mit dem englischen Bier verglichen, was durchaus ehrenwert gemeint war. Außerdem besaß Elbing einen Hafen sowie beachtliche Schiffswerften – und für einen Sohn dieser strebsamen Stadt wurde auch Lovis Corinth, übereinstimmend in mehreren Nachschlagwerken, gehalten. Der war Maler, zwar einer von beachtlichen Graden, doch galt er in seiner angeblichen Heimatstadt nicht viel.

Wie denn auch Elbing in Ostpreußen nicht sonderlich viel galt – gleichfalls sehr zu Unrecht. »Irgend so eine Stadt ganz am Rande«, hieß es gelegentlich. »Ähnlich wie Danzig oder Zoppot – jedenfalls nicht unbedingt typisch für Ostpreußen.«

Betrachtungsweisen in verschwenderischer Fülle ergeben sich daraus. Die einen hielten die ruhige, gelassene Schönheit des Memelgebietes für besonders bemerkenswert, viele verschworen sich allein auf Masuren, andere wieder ließen sich von den flirrenden Farben der Wanderdünen auf der Kurischen Nehrung beeindrukken, und nicht wenige schwärmten, gleichfalls berechtigt, von der Rominter Heide, dem »schönsten Rotwildgebiet Europas«. So bieten sich immer wieder vielschichtige Ausdeutungsmöglichkeiten nahezu verschwenderisch an – nicht alle von ihnen lassen sich zugleich gebührend würdigen.

Es war Land auf engem Raum – wie es schien. Nur wenige hunderttausend Menschen lebten darin, wie allgemein geglaubt wurde. Es sind jedoch, erstaunlicherweise, weit über zwei Millionen gewesen. Jedoch: mit ebensoviel Gesichtern! Doch welches davon war richtig, halbwegs wahr, zumindest einigermaßen typisch?

»Dies ist kein Land«, versicherten einige, die sich als Sachverständige fühlten, »in dem bestimmte Stämme dominieren – eher schon bestimmende Stammtische. Diese aber setzen sich zumeist aus selbstbewußten Familiengruppen zusammen. Und die werden beherrscht von dickköpfigen Leithirschen, die sich auf den Gehorsam ihres Rudels voll verlassen können.«

»Dies ist ein Land«, behaupteten andere, »das im Grunde über keine ausreichende Tradition verfügt – dafür ist seine Geschichte zu gering und wohl auch zu unbedeutend.«

Das ist ein Kompliment – und zudem eins, das sogar einigermaßen stimmt. Die fünf- oder sechshundert Jahre, in denen dieses Ostpreußen existierte, vermochten nur einige wenige historische Helden- und Heiligenscheine zu produzieren.

Aber spricht das gegen dieses Land?

4. Kapitel

# Erben und Erbfeinde

Als Grenzsteine ihres Machtbereiches schoben Kaiser und Papst ihre Burgen ins Ostland vor und tilgten die Kultur eines edlen Volkes, das seine Zeit erfüllt hatte.

Dies schrieb eine wohl ältere und gewiß sehr würdig wirkende Dame – und zwar schrieb sie es, zumindest veröffentlichte sie es, etliche Jahre nach dem Zweiten, dem vorläufig letzten Weltkrieg. Ihren Namen zu nennen, verbietet pure Höflichkeit.

Aber Damen wie diese hat es gar nicht wenige in unserem Ostpreußen gegeben – sie waren stolz und starr, edel und hart, tapfer und stur. Ihre sicherlich hohen Gefühle galoppierten meist mit ihrem prächtigen Pferdeverstand davon. Eine leidenschaftliche Reiterin mithin! Vermutlich eine von denen, die im Verlaufe der Zeit ihren Lieblingstieren immer ähnlicher zu werden scheinen; mit Ausnahme der Pferdeaugen. Denn deren tiefe, wie wissende Trauer nahmen sie nie an. Aber auch das gehörte wohl zu den vielen Vorurteilen.

Solche »edlen« oder auch »hohen« Frauen, zumeist von sogenanntem Geblüt, waren in unserem Lande immer wieder anzutreffen. Sie kamen von den zahlreichen Gütern, auch oft Rittergüter genannt, und blickten zumeist von ihrem hohen Roß – und zwar unverkennbar herab. Uns Knaben vermochten sie denn auch durchaus zu imponieren – da sie uns damals ja nicht mitzuteilen geruhten, was sie wirklich dachten. Dafür haben sie erst jetzt ausreichend Zeit – doch sonderlich viel zugelernt scheinen sie immer noch nicht zu haben.

Diese Dame also sprach von einem »edlen« Volk. Dabei jedoch

hat es sich nicht etwa, wie man nun leichtfertig vermuten könnte, um die Polen gehandelt. Diese speziell für uns bestimmten Erbfeinde lauerten damals, in der Urzeit Ostpreußens, noch sozusagen im Hintergrund herum. Unsere Dame wird mit ihrem so schönen und wohl auch zutreffenden Ausspruch vermutlich die »Ureinwohner« unseres Landes gemeint haben – die Sudauer.

Diese Sudauer, auch Jatwinger genannt – »der volkreichste Heimatstamm« aus Ostpreußens Vorzeit –, machten bereits im 7. Jahrhundert von sich reden. Damals wehrten sich diese wohl tapferen Sumpfwölfe gegen die späteren Russen. Die noch späteren Ostpreußen gedachten ihrer stets mit Anerkennung.

Diese Sudauer gehörten, so sagte man, zur baltischen Völkergruppe. Sie wehrten sich dann auch kräftig gegen die eindringenden kaiserlich-päpstlichen Burgenerbauer, die so eindeutig um Neuland bemüht und um Seelen besorgt waren – Ostpreußen verdrängte Sudauen von der Landkarte. Und Skomand, der »Gaufürst« dieser armen Heiden, nahm dann sogar das Christentum an. Das half ihm möglicherweise, seinen Seelenfrieden zu gewinnen, brachte jedoch seinen Untertanen dennoch nicht den gewünschten Segen – sie wurden ausgeschaltet, dezimiert und sogar »umgesiedelt«. Das jedoch nicht allzu weit, knappe einhundert Kilometer nach Norden zu – in das spätere Samland. Dieses Samland wurde dann, noch später, auch »Sudauischer Winkel« genannt. Doch kaum jemand wußte dann noch, warum.

So ist es eben, wenn, wie nach Ansicht unserer Dame, ein noch so »edles Volk« seine »Zeit erfüllt hatte«. Daß damit auch zugleich die Existenz eines Ostpreußen nicht von zeitloser Dauer sein konnte, das vermochte kaum deutlicher, noch dazu von einem ostpreußischen Menschen, bestätigt zu werden.

Doch die Zeitspanne, in der es Ostpreußen gegeben hat, dauerte so an die sechs- bis siebenhundert Jahre – mit einigen kurzen Unterbrechungen, mit etlichen ebenso bedenklichen wie nicht unamüsanten Einzelheiten. Es begann Ende des 13., Anfang des 14. Jahrhunderts.

Damals ritten sie – erstmals – ostwärts. Ritter! Kämpfer zu Pferd und auch Streiter für ihren Gott; Militärs und Geistliche zugleich, dem Papst ebenso wie dem Kaiser verpflichtet. Und wohin auch immer sie gelangten, sie gründeten zuerst einmal eine Burg. Kaum eine Stadt in Ostpreußen ohne eine solche.

Zu einer solchen Burg gehörte nahezu automatisch eine Kirche, ein Gotteshaus – und mehr als nur das: eine Schwurstätte des Glaubens, basierend auf nationalen Notwendigkeiten. So stand über einem Eingangstor zu einem derartigen Versammlungslokal: »Fürchtet Gott! Ehret den König! Habt die Brüder lieb!«

Hundertemal schritt ich darunter hinweg, ohne es zu lesen. Und als ich es dann las, sagte es mir nichts – nur wohl das: es klang recht schön. Aber Kirchen schienen lediglich Nebengebäude der jeweiligen Macht zu sein – überaus wohltuende, doch zumeist zweitrangige Einrichtungen. An der Tafel so manches Gutsbesitzers etwa saß der Pfarrer immer unten. An anderen aber obenauf.

Eine Burg aber bedeutete damals: Sicherung – Verteidigung – garantierten Erwerb. Die Kaufleute schoben sich in den freigekämpften Raum. Das schwarze Kreuz auf weißem Grund, das Heerbanner des Ritterordens, flatterte ihnen voran.

Dieser neugewonnene, systematisch leergemachte Raum besaß eine große Anziehungskraft. Deutschland galt damals als volkreich, wenn nicht gar als übervölkert – nun, hier war Neuland. Und so kamen sie denn: abenteuerlich veranlagte Söhne von Adligen, dazu sehr zähe Bauern, auch unternehmungsfreudige Handwerker. Und Pfeffersäcke, Kattunreißer und Heringsbändiger.

Sie kamen aus Lübeck, Rostock und Stettin; sie waren einstmals Bürger in Köln oder Nürnberg gewesen; sie verließen Schwaben, Franken und die Pfalz – das ganze Deutschland war in diesem Neuland Ostpreußen vertreten. Vieleicht nur mit Ausnahme der Bayern, was sich dann jedoch später ausglich. Dann kam die Zeit, in der sich nicht wenige Ostpreußen von Rang und Namen in München und Umgebung ansiedelten. Mit Vorliebe dort, wo es einen See gab; denn der bedeutete für sie ein Stück Heimat. Und die wollten sie niemals völlig aufgeben. Die hatte immer in ihrem Herzen einen festen Platz – behaupteten sie. Und sie behaupten es immer noch.

Damals jedenfalls wurden im fernen Ostpreußen, innerhalb weniger Jahrzehnte, tausend und mehr deutsche Städte und Dörfer gegründet. Aber nicht nur sogenannte »rein« deutsche Menschen sind an diesem höchst bemerkenswerten Verschmelzungsprozeß beteiligt gewesen.

»Da ist doch«, fragte ich meine Mutter, »ein reichlich seltsamer Urgroßvater in unsere Familie hineingerutscht. Was war mit dem?«

»Welchen meinst du?« wollte sie wissen. »Den aus Salzburg oder den, der aus Holland gekommen ist? Wir haben sogar einen in unserem Stammbaum, dessen Heimat Frankreich gewesen war.«

»Ziemlich viel – auf einmal«, meinte ich leicht verwirrt.

»Das«, sagte meine Mutter erheitert, »ist doch nichts Besonderes; nicht bei uns. Zu deinen Ahnen gehören überzeugte Religionsverächter ebenso wie politische Kettensträflinge – unbeirrbare Gottesstreiter gleichermaßen wie phantastische Einzelgänger, auch knochentrockene Beamte und rebellierende Soldaten. Gewöhne dich daran. Und suche dir die Besten davon aus!«

5. Kapitel

# Erste heroische Zeiten

…die Polen schlugen alles tot… ein fürchterliches Blutbad… was am Morgen nicht mehr zu mißbrauchen war, wurde eingesperrt… verbrannt… die Hölle.

*Bericht eines Augenzeugen*

Diese Töne sind bekannt. Es sind dunkle Klagetöne – gewiß. Aber dennoch Alltagsgeschrei, wie es jeder Krieg mit seiner unvermeidlichen Brutalität erzeugt. So sind diese Ungeheuerlichkeiten nicht etwa, wie man zunächst vermuten könnte, im Hinblick auf das Jahr 1945 niedergeschrieben worden, sondern vielmehr fünfhundertundfünfunddreißig Jahre zuvor. Genauer: am 15. Juli 1410; in der ostpreußischen Stadt Gilgenburg.

Damals hatte der Deutsche Ritterorden eine große Schlacht verloren – gegen die Polen. Deren Heerführer war König Jagiello gewesen. Und der Hochmeister des Ordens, ein gewisser Ulrich von Jungingen, war bei Tannenberg »auf dem Felde der Ehre« gefallen.

In diesem Tannenberg, einem Dorf von etwa dreihundert Einwohnern, habe ich jahrelang gelebt. Der Grabstein für den Hochmeister, nunmehr ein nationales Denkmal, stand etwa einen Kilometer davon entfernt inmitten flacher, fruchtbarer Felder.

Ein staubiger Weg führte dorthin. Schlanke, dicht benadelte Tannen umstanden den Stein. Der war etwa haushoch – drei bis vier Meter ungefähr, klobig, verwittert. Sein Gewicht soll an die dreihundert Zentner betragen haben – für bayrische Gebirgler ein Kiesel, für uns ein Gigant. Hier verweilten wir Knaben mit Vorliebe. Denn hier waren irgendwelche Störungen seitens nationalbewußter Erwachsener kaum jemals zu befürchten – mit Ausnahme des alljährlichen Gedenktages. Jeweils am 15. Juli. Dann versammelten sich um den Stein herum etliche Vereine und zahlreiche Neugierige.

Und immer wieder hieß es dann: »Heldenhaftes Beispiel... einer gigantischen Übermacht trotzend... auch er nicht umsonst gefallen!«

An schönen, schaurigen Märchen war kein Mangel. Und unvergeßlich die Heldentodversion, die ein Heimathistoriker entdeckt zu haben glaubte. Danach konnte der Hochmeister gar nicht im Kampf besiegt und gefallen sein – schließlich war er gepanzert. Doch in einer Gefechtspause muß er wohl seine Rüstung abgelegt haben, wodurch ein Pole – der selbstverständlich im Hinterhalt lauerte – Gelegenheit erhielt, seinen Pfeil wirkungsvoll abzuschießen.

So was wurde hingenommen – besonders wohlgefällig dann, wenn es in der gebotenen Kürze vorgetragen wurde. Der für diese Feierstunden verantwortliche Kreisgewaltige aller Kriegervereine und des Stahlhelms – ein Major B., Rittergutspächter – legte auf militärische Knappheiten größten Wert. Drohte aber ein Festredner sich auszubreiten, pflegte der Herr Major ein kräftig knarrendes Geräusch als Warnung ertönen zu lassen – und das wurde respektiert.

War das alles überstanden, pflegten sich prompt die feierlichen Heldentatenfeierer in fröhliche Festteilnehmer zu verwandeln – sie zogen ins Gasthaus, wo sie bereits erwartet wurden. Und wir Knaben hatten dann wieder diesen beliebten Spielplatz ganz für uns – bis zum nächsten zweistündigen Jahresgedenken.

Dabei ist das nur ein Gedenkstein, keinesfalls ein Grabstein gewesen – das ist mir erst etliche Jahrzehnte später bewußt geworden. Denn der Jungingen mag wohl in unserem Tannenberg gefallen sein, bestattet jedoch ist er in der Marienburg worden – in der dortigen St. Anna-Gruft. Auch so kann man sich irren.

Ob nun aber unser Ulrich, der von Jungingen, ein großer, bedeutender Mann gewesen ist, oder auch, wie andere sagen, »ein Hitzkopf, der kein Politiker war« – das bekümmerte uns nicht. Fest stand: er hatte einen großartigen Kampf geführt! Und dafür dankbar zu sein, waren wir auch willig bereit. Denn schließlich hatten uns Kinder die einstigen Ritter ihre Burgen und Denkmale als bevorzugte Treffpunkte und Spielplätze überlassen. Auch so was verpflichtet.

Der erste dieser unserer großen Ordensritter, wie es uns in der Schule frühzeitig beigebracht wurde, hieß Winrich von Kniprode. 1310–1382. Er schuf, wie wir lernten, in der Feste Marienburg das geistig-politische, in der Feste Königsberg das militärisch-verwaltungstechnische Zentrum des Ordens. Er hieß Kniprode, weil er aus Kniprath kam – das aber lag, und liegt heute noch, unweit von Köln. Aus dem Vogtland kam der Nachfolger des unglücklichen, doch stets hochgeehrten Tannenberg-Jungingen – ein gewisser Heinrich von Plauen. Er raffte den nur vorübergehend geschlagenen Ritterorden wieder zusammen und bremste den Vormarsch der Polen bei der Marienburg.

Das muß eine überaus erlösende Tat gewesen sein – zumindest für alle, die bereits in Ostpreußen investiert hatten. Sie wurde jedoch diesem wackeren Heinrich schlecht gelohnt. Denn sein Ordensmarschall, ein Mensch namens Küchenmeister, zettelte nur vier Jahre später eine Verschwörung gegen diesen ersten »Retter Ostpreußens« an, setzte ihn ab, ließ ihn in ein Gefängnis bringen – wo dann der von Plauen kläglich verendete.

Doch immerhin hatte der – »mit Trompeten und Posaunen«, wie es in Berichten hieß – von der Zinne der Feste Marienburg aus seinen großen Sieg verkünden können. Und das mit den Worten: »Und also geschah es nach dem Willen unseres Herrn!«

Wie denn auch wohl alles andere sonst, was danach kam.

6. Kapitel

# Die Stadt am Pregel

...daß du, Königsberg, nicht sterblich bist.
*Agnes Miegel*

Diese Agnes Miegel hat geliebt und wurde geliebt. Sie ist eine Frau gewesen, und eine sehr ostpreußische dazu; womit an sich ja schon vieles erklärt zu sein scheint. Und was sie auch immer geleistet oder eben sich geleistet haben mag – sie hat es mit heißem Herzen getan; dafür muß man Verständnis haben.

Diese Frau hat, wie erstaunlich viele andere bei uns, einen gewissen Hitler mit ihrem Deutschland verwechselt – und sogar Hymnen darauf geschrieben. Sie glaubte, unbezweifelbar aufrichtig, in diesem Menschen einen ehrlichen, verantwortungsbewußten Beschützer ihrer geliebten Heimat zu erblicken.

Dieses Königsberg war ihre Welt – die für sie beste, herrlichste und vollkommenste aller Welten. Hier hatte sie den Großteil ihres Lebens verbringen dürfen – frühzeitig hochgeehrt, weithin sorgenlos und damit verhältnismäßig glücklich. Die Miegel hätte einen Hitler gar nicht nötig gehabt, um sich zu bestätigen. Königsberg würde vollauf ausgereicht haben, ihr Leben beglückend sinnvoll zu gestalten.

Diese Stadt, die heute auf vielen Landkarten – nicht auf sehr bewußt deutschen – als Kaliningrad bezeichnet wird, liegt an einem breiten, weit beschiffbaren Strom, dem Pregel. Und der hatte, über das Frische Haff, direkten Zugang zum offenen Meer. Pillau hieß die dazugehörige Durchgangsstation. Und damit erwies sich dieses Königsberg als überaus idealer, weithin geschützter Großhafen – fast ähnlich, wenn auch kleiner, wie der von Hamburg. Das hatten

Kaufleute aus Lübeck frühzeitig erkannt.

Sie waren es, so ist überliefert, die dieses Königsberg geplant und seine Entstehung maßgeblich beeinflußt haben. Auch hier wurde zunächst einmal »die Burg« gegründet, fast zugleich aber auch »die Kirche« – und diese mit wahrhaft trutzigen Wehrgängen, wie es sich gehörte. Eine Feste Gottes also, eine Schutz- und Trutzkirche. Und unmittelbar nach deren Gründung folgten die Filialen der hanseatischen Handelshäuser.

So wurde alsbald dieses Königsberg ein gewichtiges Tor zu jenem Meer, das Ostsee heißt und das direkt mit der Nordsee verbunden ist. Lagerschuppen wurden gebaut, Schiffahrtslinien gegründet, Kontore errichtet. Alles schien denkbar günstig.

Dieses Königsberg blühte frühzeitig und in herber, kraftvoll einfacher Schönheit auf. Und es hat Zeiten gegeben, in denen diese Stadt am Pregel sogar weitaus größer, attraktiver und bedeutsamer gewesen ist als jene andere preußische Stadt an der Spree. Dieses Königsberg ist eine stattliche Zeitlang der Nabel Preußens gewesen – beileibe nicht Berlin.

Der eigentliche Begründer dieser einzigartigen Stadt kam, wie alle anderen späteren »ersten« Ostpreußen auch, aus dem fernen Deutschland – und zwar aus Ansbach. Er wurde im Jahre 1490 geboren und entstammte einer »kinderreichen Familie«. Das zu erwähnen, wurde fortan in unserem Land fast niemals vergessen.

Denn möglichst zahlreiche Kinder zu haben, das galt in Ostpreußen fast als besondere Tugend. Und das noch bis in die neuere Zeit hinein. Noch um die letzte Jahrhundertwende hatte meine Großmutter mütterlicherseits zwölf Kinder zur Welt gebracht, die väterlicherseits jedoch nur elf. Aber die eine wie die andere konnte es noch erleben, kurz vor ihrem Tode jeweils dreißig und mehr Enkelkinder um sich versammelt zu sehen.

Alles schöne, willkommene, freudig begrüßte Gründe, zahllose Familienfeste zu feiern.

Als lange nach dem bisher letzten europäischen Krieg, mit maßgeblich deutscher Teilnahme, ein sich wacker und brav dünkender Ostpreuße nach der Zahl seiner Kinder befragt wurde, mußte er, sichtlich zerknirscht, zugeben: »Nur zwei.« Nach diesem peinlichen Geständnis schien er jede glaubhafte Existenzberechtigung verloren zu haben – er wurde fortan einfach übersehen.

Der Mann mit den erfreulich zahlreichen Geschwistern jedenfalls, der damals aus Ansbach kam – und der gelegentlich auch, irrtümlicherweise, als »der Nürnberger« bezeichnet wurde –, hieß Albrecht. Genauer: Albrecht von Brandenburg-Ansbach. Er wurde, 1511, zum Hochmeister des Deutschen Ritterordens ernannt. Er ist der letzte dieses Vereins gewesen.

Zwar unternahm dieser Albrecht noch einen von heimatbewußten Historikern vielbeachteten »Reiterkrieg«, natürlich gegen die nicht nur damaligen »Erbfeinde«, also gegen die Polen – den jedoch ohne sonderlichen Erfolg, wie geschichtsbewußte Oberlehrer unseres Landes spürbar betrübt vermerkt haben. Das muß den Hochmeister mächtig gequält haben; und sogar ziemlich lange. Denn erst 1525, also mehr als zehn Jahre danach, legte Albrecht seinen Ordensmantel endgültig ab.

Das geschah »auf Anraten von Martin Luther«. Denn Albrecht gehörte damals zu jenen, die sich – aus welchen Gründen auch immer – zum protestantischen Glauben bekannten. Diesem Entschluß hatten seine »lieben Landeskinder« traditionsgemäß zu folgen – und sie taten es auch; zum größeren Teil wenigstens. Irgendwelche besonderen Komplikationen dabei sind nicht bekannt. Waren auch in Ostpreußen nicht unbedingt zu erwarten – sie glaubten dort an ihren Gott; die Form, die dabei verlangt wurde, vermochte sie nie sonderlich zu beunruhigen.

Von unseren evangelischen Pfarrern – nicht selten auch »Pfarrherren« genannt – ist zumeist nur Gutes zu berichten. Vom sogenannten »Reibi«, also dem »Reichsbischof« Müller in Königsberg wohl abgesehen. Denn der predigte mehr über das Hakenkreuz als vom Gekreuzigten.

Doch in den Dörfern des Landes fühlten sich die Pfarrer zumeist Luther gegenüber streng verpflichtet – sie führten, wenn sie sich durchsetzen konnten, ein hausväterliches Regiment. Darüber hinaus konnten sie handfeste Ratgeber in allen erdenklichen Lebenslagen sein. Die gediegenen landwirtschaftlichen Ratschläge etwa, die unser Geistlicher von der Kanzel verkündete, waren weithin berühmt – und zeugten noch dazu von großer, verwendbarer praktischer Erfahrung.

Ein schmaler Teil Ostpreußens jedoch – das Ermland – blieb sozusagen der geistigen und auch weltlichen Oberhoheit der katholischen Kirche erhalten; er lag, bis in unsere Tage hinein, im Nordwesten des Landes, in der Nähe des Frischen Haffs, mit der Stadt Frauenburg im Mittelpunkt. Und diese uneinnehmbare Hochburg eines dennoch hier anpassungsfähigen Rom war, in früheren Vorzeiten, auch die Veranlassung, daß die kleine Stadt Zinten, die in der Nähe von Königsberg lag, als »Ausland« bezeichnet wurde.

Diese reichlich seltsame Bezeichnung hatte folgende Ursache: der dort, 1526, amtierende Bischof verfügte, daß sich »Nichtkatholische« nur »vorübergehend« im Ermland aufhalten durften. Das aber hinderte die Evangelischen keinesfalls, hier ihr Gewerbe auszuüben. Doch um den Schein zu wahren, begaben sie sich von Zeit zu Zeit ins »Ausland«, also zumeist in die leicht erreichbare Stadt Zinten.

Ein Vorgang, der wohl nicht ganz frei von augenzwinkernder Verständnisbereitschaft gewesen sein muß. Welch eine Religion so ein Ostpreuße eigentlich besaß, erfuhr manchmal seine Umgebung erst bei seinem Begräbnis. Der Bischof jedenfalls ließ den Markgrafen möglichst in Ruhe, und der tat ein gleiches – zum Wohle und Vorteil aller Gläubigen und Landeskinder.

Doch damit des Guten nicht genug. Dieser Albrecht war offenbar auch poetisch veranlagt – er schrieb Kirchenlieder. Und er scheint entschlossen gewesen zu sein, den Geist, seinen Geist, zielstrebig zu bewahren und klug zu fördern. Um diesem hohen Zweck zu dienen, so wird vielfach erklärt, nahm er, listig und weitblickend zugleich, das dem Orden noch verbliebene Land als Lehen an. Als Herzogtum. Albrecht wurde fortan als Markgraf firmiert.

Sein Lehnsherr aber war zugleich sein Onkel – und dieser war kein anderer als der König von Polen. Denn die Wege der Politik können manchmal wahrhaft wundersam sein. Auch in Ostpreußen

– was aber dort kaum jemand sonderlich interessierte. Sie wollten in diesem Land leben, immer schon möglichst ungetrübt. Wie denn sonst konnte man unbeschwert Feste feiern?

Doch bevor dieser Markgraf von Brandenburg-Ansbach starb – nahezu achtzig Jahre alt, im Schloß von Tapiau –, tat er etwas ganz und gar Ungewöhnliches, zumindest für damalige Zeiten, noch dazu im mühsam verwalteten »Ausland«. Albrecht gründete in Königsberg eine Universität.

Sie wurde, nach seinem Namen, »Albertina« genannt. Sie sollte ihn nahezu unsterblich machen. Der Sohn eines Königsberger Sattlermeisters sorgte später dafür.

7. Kapitel

# Könige aus Preußen

Handle so, daß die Maxime deines Willens jederzeit zugleich als Prinzip einer allgemeinen Gesetzgebung gelten kann.

*Immanuel Kant*

Diese Worte sind in Königsberg geschrieben worden. Und wohl auch nur dort, versichern nicht wenige, hätten sie geschrieben werden können. Denn nirgendwo sonst seien in der nachmittelalterlichen Welt die Luft klarer, die Gedanken reiner und die Menschen selbstloser gewesen.

Dieses Königsberg hatte das seltene Glück gehabt, einige Jahrhunderte lang nicht unmittelbar in den Wetterzonen der Weltpolitik zu liegen. Am Rande des großen Schlachtens blieb ihm die unmittelbare Teilnahme an kriegerischen Ereignissen erspart. Das muß als einzigartiger Vorteil bezeichnet werden.

Der Dreißigjährige Krieg etwa – der Beginn von Europas beklagenswerter Selbstverstümmelung – fand zumeist weit außerhalb Ostpreußens statt. Und wenn sich auch, nur wenig später, die »Stände« der Stadt Königsberg verdächtig eigenwillig benahmen – so zögerten sie doch nicht, dem Großen Kurfürsten 1663, nahezu ergeben vereint, im Schloßhof zu huldigen. Allerdings nicht gerade überschwenglich – das hätte auch nicht dem Wesen der Ostpreußen entsprochen – mehr vorsorglich. Um sich ihre Ruhe zu sichern.

Am 18. Januar 1701 durfte dann dieses Königsberg eine Krönungszeremonie von geradezu französischen Ausmaßen erleben – ein großes, selbst heute noch unvergessenes Fest. Denn ein Friedrich – ein Sohn des Großen Kurfürsten – setzte sich und seiner Frau im Königsberger Schloß die Krone auf. Wurde hier zu Friedrich I., König in Preußen.

Und es hatte sich um keinen willkürlichen Zufall gehandelt – vielmehr war alles aufs genaueste überlegt worden. Denn König Friedrich war sozusagen gebürtiger Ostpreuße. Er ist im Schloß von Königsberg zur Welt gekommen. Seine angebliche Wiege, ebenso wie seinen nachweisbaren Thronsessel, habe ich noch mit eigenen Augen zu sehen bekommen.

Das war kein Privileg, daran konnte sich jeder erbauen, den sein Weg jemals nach Königsberg führte. Aus der einstigen Burg war inzwischen ein »Schloß« geworden – mit Schloßhof, Seitenflügel, Ergänzungsbauten. Ein Wall darum – allein der Ausblick von dort war eine Reise wert. Doch nicht etwa, daß dann Königsberg dem Betrachter »zu Füßen« gelegen hätte; es lag ihm vielmehr gegenüber. Unser sanftgewelltes Land erlaubte nun einmal keine Hochsitzburgen, von denen aus Herrscher auf ihre Untertanen herabblicken konnten.

Sonderlich beeindruckend oder gar imposant jedenfalls war nichts in diesem »Schloß«. Denn in Königsberg mußte der König von Preußen auf höchst engem Raum leben. Er entfernte sich dann auch bald aus dieser ihm wohl karg erscheinenden Stadt – und zwar für immer.

Aber auch Friedrich Wilhelm I. – der sehr eigenwillige Sohn des ersten Preußenkönigs, der wirksam primitivste Praktiker des Soldatentums, zutreffend »der Soldatenkönig« genannt – verweilte stets nur kurz in »seinem« Königsberg. Hier hatte er, noch als Kronprinz, die Verheerungen der Pest in den Jahren 1708 bis 1710 kennengelernt. Er reagierte darauf auf seine Weise – er sorgte beharrlich für Nachschub.

Dieser »Soldatenkönig« brachte sogenannte »Kolonisten« ins ostpreußische Land – besonders Salzburger; aber auch gleichfalls »aus religiösen Gründen« flüchtende Franzosen. Ferner schob er aus seinem Preußen nach dem sehr fernen Osten alles ab, was ihn irgendwie zu stören schien – damals fragwürdige politische Elemente, auf Bewährung entlassene Sträflinge, renitente Beamte.

Ein überaus merkwürdiges Gebräu aus angeblich fehlgeleiteten Überzeugungen und mißbrauchten Gesinnungen haben die Ostpreußen diesem Monarchen zu verdanken – sicherlich ganz gegen seinen Willen. Fortan ist dann dieses Land auch zu einem einzigartigen Freiplatz für denkende Außenseiter geworden. Hier konnten, vergleichsweise ungehindert, die seltsamsten geistigen Blüten treiben.

Zwei sandsteinerne, vielleicht auch bronzene Denkmäler – eins in Königsberg, das andere in Gumbinnen – zeugten von dieses Königs Ruhm. Doch so, wie dieser Ruhm schließlich in Erscheinung trat, hat ihn Friedrich Wilhelm kaum gewollt noch erahnt.

Denn dieses abseitige Ostpreußen hatte niemals wirklich richtig Gelegenheit gehabt, sich den preußisch-deutschen Gegebenheiten mit vorbehaltloser Zustimmung anzupassen. Es wurde später einfach überrannt und in die Weltgeschichte hineingepreßt – so behaupten heute nicht wenige. Gewollt haben sie es wirklich nie. Doch dafür sorgte dann nicht nur Kaiser Wilhelm II., sondern auch, später und wesentlich gründlicher, ein gewisser Adolf Hitler, Führer und Reichskanzler. Der eine zog den Krieg bis mitten in Ostpreußen hinein, der andere ruhte nicht eher, bis das totale Chaos dieses Land überschwemmt hatte – und es auslöschte. Wie eine nur noch mühsam flackernde Kerze.

Nichts, auch im entferntesten nicht, ist mit dem zu vergleichen, was in den Jahrhunderten vorher mit dieser Stadt und diesem Land geschehen war. So wurde etwa Königsberg zwischen 1758 und 1762 von russischen Truppen besetzt. Im sehr fernen Mitteleuropa fand gerade ein Krieg statt, der später als der »Siebenjährige Krieg« registriert wurde.

Doch die Offiziere der besetzenden Russen benahmen sich, so kann man nachlesen, »gesittet«. Weder Plünderungen noch Vergewaltigungen fanden statt; und sollten sie tatsächlich stattgefunden haben, so sind sie zumindest nicht registriert worden. Vielmehr hieß es übereinstimmend: die Herren fühlen sich hier offensichtlich wohl.

Unbestreitbare Tatsache ist, daß in Königsberg etliche dieser russischen Offiziere an der dortigen Universität, der »Albertina«, studiert haben. Und zwar Mathematik und Fortifikation. Das bei einem gewissen Magister Kant.

8. Kapitel

# Der Sohn eines Sattlermeisters

Stadt, meine Stadt, mit den steigenden Straßen, wasserdurchflutet, seewindumsungen...

*Walter Scheffler*

Diese »Albertina« hatte also der einstige Hochmeister des Deutschen Ritterordens, der spätere Herzog, der aus einer kinderreichen Ansbacher Familie stammende Albrecht gegründet. Martin Luther war der geistige Vater dieser Universität, Melanchthon scheint ihr praktischer Geburtshelfer gewesen zu sein. Denn: erster Rektor, Vorstand oder Präsident – wie immer man will – dieser »Albertina« wurde ein gewisser Sabinus. Ein überaus verdienstvoller Mann, was übereinstimmend bezeugt wird. Möglich jedoch, daß sein entscheidendes Verdienst dies gewesen ist: er war der Schwiegersohn Melanchthons.

Derartiges pflegte ansonsten nicht gerade zu den ostpreußischen Alltagspraktiken zu gehören. Die Menschen unseres Landes waren viel zu redlich – oft sogar sehr stille, aber überaus intensive Verfechter einer unbeirrbaren Gerechtigkeit. Kaum ein Lehrer bei uns, der nicht seinen Sohn mit der gleichen Unparteilichkeit prügelte wie seine anderen Schüler. Die Sage geht sogar von einem Gendarmen, der nicht zögerte, seine eigene Mutter der Giftmörderei zu überführen und zu verhaften. Unredliche Nachkommen wurden ohne weiteres enterbt.

Galt bereits ein preußischer Beamter – noch in den zwanziger Jahren, bis Anfang der dreißiger – für selbstlos, korrekt und fleißig, so waren die ostpreußischen Beamten die fleißige, selbstlose Korrektheit in Person. Ein Berufsstand von seltener Makellosigkeit –

völlig unbestechlich; nicht durch Freundschaft, Verwandtschaft, Liebe, Geld oder Wohlwollen aus den Angeln zu heben. Soviel Tugend vermochte natürlich auch zu leicht komisch wirkenden Vorgängen zu führen: Einer unserer Straßenbaumeister vergab nie einen Auftrag an die Firma seines Schwagers, obgleich die preiswerter und auch leistungsfähiger gewesen wäre als andere. Ein Polizeibeamter trieb seinen Bruder zur Verzweiflung, in dessen Haus er wohnte – es war ein Gasthaus; und nirgendwo mußte die Polizeistunde so korrekt eingehalten werden wie dort. Und ein neugewählter Bürgermeister entließ, als allererste Amtshandlung, den verläßlichen, kenntnisreichen und langjährigen Gemeindeschreiber; denn er war mit ihm entfernt verwandt.

»Das alles«, versicherte unser philosophisch veranlagter Dorfgeistlicher, »haben wir unserem Kant zu verdanken.«

Dieser Kant – ein Professor – ist in Ostpreußen tatsächlich so etwas wie eine populäre Persönlichkeit gewesen. Jeder kannte zumindest seinen Namen. Und sogar im Masurenkalender konnte man Zitate von ihm nachlesen. Seine Bücher allerdings waren kaum irgendwo anzutreffen – »das Kerlchen schreibt reichlich kraus«, hieß es von ihm.

Doch dieser Kant war und blieb dennoch stets »Ostpreußens großer Sohn«; und kaum jemand im Lande, der nicht bereitwillig stolz auf ihn gewesen wäre. »Der hat so gedacht, wie wir denken!« Davon waren nicht wenige überzeugt.

Melanchthons Schwiegersohn, Sabinus, hatte nicht ahnen können, was einmal aus seiner Universität werden sollte. Sie begann als »Hort der Humanität« und wurde im 17. Jahrhundert »zu einem blühenden Vorfeld der Aufklärung«. Das entsprach vermutlich nicht ganz dem Wunsch und Willen ihres Begründers und Geldgebers und seiner Nachfolger. Doch gegenüber der sanften, überaus zähen, völlig unbeirrbaren Beharrlichkeit eines Königsberger Sattlersohns namens Kant waren sie machtlos.

Natürlich hatten die damaligen Universitätsgewaltigen diesen Immanuel Kant nicht etwa mit offenen Armen aufgenommen. Schließlich wollte der nicht nur ein Prophet in seinem eigenen, engeren Vaterlande werden, sondern sogar in seiner Heimatstadt. Denn Kant ist am 22. April 1724 in Königsberg geboren worden. Und hier studierte er auch. Hier starb er. Ähnlich wie Sokrates hatte auch Kant seine engere Heimat nie verlassen.

1751 bewarb er sich erstmals bei seiner Albertina um eine außerordentliche Professur – er wurde abgelehnt. Inzwischen jedoch hatte sich im ganzen geistigen Deutschland herumgesprochen, daß in Königsberg ein kleiner, zierlicher Mann existierte, dem große, zwingende Gedankengänge gegeben waren. Oder eben: er existierte dort nicht, er vegetierte – denn er wurde als untergeordneter, schlecht bezahlter Schloßbibliothekar beschäftigt. Kant erhielt schließlich einen Ruf an die Universität von Erlangen, auch einen an die von Jena – er blieb jedoch in Königsberg und wartete ab.

Erst 1770, also mit fast zwanzigjähriger Verspätung, erhielt er – endlich – die ersehnte Professur. Er lehrte an »seiner Albertina« Logik und Metaphysik; und er leitete, sehr behutsam, doch überaus beharrlich, seine Revolution des Denkens ein. 1781 erschien seine »Kritik der reinen Vernunft«, 1795 seine zwar nur kleine, doch bedeutsame Schrift »Zum ewigen Frieden«.

Kant bekam Schwierigkeiten – aber die konnten, aus unserer heutigen Sicht, kaum ehrender gedacht werden. Doch sie waren, damals, wahrlich nicht ungefährlich. Denn der König von Preußen persönlich nahm Anstoß – er warnte davor, derartige Anschauungen, die ihm fragwürdig vorkamen, weiterhin »zu verteidigen oder zu lehren«.

Das war reichlich massiv und blieb nicht die einzige Warnung. Doch Berlin war weit, und Königsberg hatte bereits herausgefunden, daß Kant dieser Stadt mehr Ruhm und Ansehen verschaffte als etliche hundert Pfeffersäcke und Verwaltungsbeamte; den König eingeschlossen. Das Denkwürdige geschah: die Universität nahm sich »die Freiheit«, ihrem Professor, jenem Kant, »die Fortsetzung seiner Vorlesungen über die Religion innerhalb der Grenzen der bloßen Vernunft zu erlauben und zu empfehlen«.

Heute noch gibt es gar nicht wenige, die stolz auf diese, damals nicht ungefährliche Entscheidung sind – ich gehöre zu ihnen.

Die Schriften »unseres« Kant sind übrigens durchaus »lesbar« – entgegen allen Vorurteilen, die sich gegen sie angesammelt haben und auch heute noch nicht ausgeräumt sind. Und doch kommt es nur darauf an, bei der Lektüre seiner Werke ein wenig Geduld zu entwickeln – man muß sich an ihn, an seine intensive, vielschichtige, doch stets um letzte Klarheit bemühte Denkweise gewöhnen. Wie etwa ein Norddeutscher an die Sprache eines Ludwig Thoma – die ersten zwanzig oder dreißig Seiten davon mögen einem »Zugereisten« quälende Konzentration abfordern, der stattliche Rest aber ist reiner Genuß.

Kant jedenfalls durfte sich alsbald eines weltweiten, also mindestens mitteleuropäischen Ruhms erfreuen – das blieb auf die Dauer selbst den Königsberger Bürgern nicht völlig verborgen. Er wurde dort alsbald »unser Professor«. Sie scheinen ihn sogar herzlich geliebt zu haben; zumindest erfreuten sie sich bereitwillig an seinen Eigenheiten – es waren die ihren. Da war einmal seine Bescheidenheit. Er lebte wie ein einfacher, braver Bürger. Hinzu kam sein ausgeprägter Hang zur Pünktlichkeit. Nach seinen Spaziergängen, so hieß es, konnten die Einwohner der Stadt ihre Uhren stellen. Und viel beachtet wurde sein Sinn für selbstverständliche Gerechtigkeit, auch in unwesentlich erscheinenden Alltagsvorgängen.

Da war zum Beispiel die überaus volkstümlich gewordene Geschichte mit dem Hahn auf dem Nachbarsgrundstück. Der pflegte bei jeder sich bietenden Gelegenheit lautstark zu krähen und störte so des Professors Gedankengänge. Der nun fühlte sich versucht, das Leben dieses Hahnes zu fordern, um endlich seine Ruhe zu haben. Doch er forderte – nach längerem Nachdenken – dieses Hahnes Leben nicht. Denn, so führte er aus: jedem Geschöpf muß seine Daseinsberechtigung zugestanden werden! Damit entzückte er seine Landsleute – für nicht wenige von ihnen waren Tiere wichtige Weggefährten.

Denn wie dieser Kant, so sind tatsächlich nicht wenige Ostpreußen gewesen. Sie besaßen einen Hang zur gutausgeglichenen, bürgerlichen Ordnung und ein sehr ausgeprägtes Verhältnis zum Tier, das zu ihrem Leben gehörte. Und die Gerechtigkeit ging ihnen über alles – und sogar, wenn es sein mußte, über ihr Dasein. Leider vermochten dann auch sie nicht ausreichend genug zu erkennen, daß doch wohl zwischen einem Kant und einem Hitler erhebliche Unterschiede bestanden.

Als Immanuel Kant, nahezu achtzig Jahre alt, am 12. Februar 1804 starb, läuteten die Glocken seiner Stadt. Und die Bevölkerung von Königsberg gab ihm das letzte Geleit – »die Straßen waren von trauernden Menschen überfüllt«, hieß es in einem zeitgenössischen Bericht.

Immanuel Kant wurde im Dom beigesetzt – dort ruht er auch heute noch.

Zumindest er hat sein Königsberg überlebt. Für alle Zeiten, wie es scheint – wenigstens doch so lange noch, wie es eine Geschichte des abendländischen Geistes geben wird. Besucher im jetzigen Kaliningrad haben frische Blumen auf seinem Grab gesehen.

9. Kapitel

# Auch der Tod hat reine Freuden

Der Tod ist nur ein Übergang – und wohin er auch immer führen mag, er muß Erlösung sein. Zumindest ist er ein guter Grund für ein Fest. Und das allein schon macht ihn menschlich.

*Aus dem Brief eines Landsmannes*

Die Ostpreußen hatten ein gutes Verhältnis zum Tod. Sie hatten sich, ganz bewußt, mit ihm abgefunden. Sie versuchten sogar, ihn als festen Bestandteil in ihren Lebenskreis mit einzubeziehen.

»Er ist nun mal unvermeidlich«, sagten die Menschen unseres Landes, »und selbst er hat ja auch manchmal seine guten Seiten.«

So waren denn die Feste aus Anlaß seines Erscheinens sehr oft nicht minder laut und freudig als alle sonstigen Feste auch. Sie besaßen sogar eine gewisse gemütvolle Grundstimmung – es ging bei ihnen recht harmonisch, versöhnlich, brüderlich zu. Beschimpfungen und Prügeleien etwa, die ansonsten zu den ausgeprägt männlichen Festesfreuden gehörten, wurden hierbei stets vermieden oder doch rechtzeitig unterbunden.

Doch ein reichliches Essen durfte dabei niemals fehlen – Bier mußte nicht sein, ein kräftiger Schnaps aber gehörte unbedingt dazu. Den literweise pro Person. Auch wurde gern gesungen. Und erheiternde Geschichten machten die Runde. Auf eine möglichst »fröhliche Leiche« legte man stets mit Nachdruck Wert.

Manchmal wurde dabei auch getanzt. Ein noch junger, »ausländischer« Pfarrer, also einer, der mit den landesüblichen Gebräuchen noch nicht ausreichend vertraut war, wohnte einmal einem solchen Totenfest bei – bleich, stumm, mühsam um christliche Geduld ringend. Doch als sich nach fröhlichen Reden sogar ein Tänzchen anbahnte, rief er entsetzt in die stattliche Teilnehmermenge hinein: »Aber, Leute, das geht doch nicht!«

»Aber ja, Mannchen, das geht!« erklärte ihm einer dieser munteren Trauergäste sachverständig und wies auf den Sarg: »Den stellen wir hochkant!«

Unsere »lieben Landsleute«, wie sie sich auch heute noch gegenseitig nennen, sprachen damals gern von einem »ostpreußischen Tod«. Er ist im Grunde ganz gutmütig, hieß es von ihm. Er erlöst. Und er bevorzugt das Bett.

Als ein besonders kerniger Mann in vorgeschrittener Stunde im Gasthaus den »schäbigen Strohtod« schmähte, entgegnete ihm ein Bauer gemütlich: »Wenn ich mal sterbe, habe ich lieber Stroh unter dem Hintern als im Kopf.«

Zumeist wurde denn auch bei uns völlig normal gestorben. Bevorzugt an Altersschwäche. Oder auch Pilzvergiftung. Auch beim Fällen von Bäumen, durch ein wildgewordenes Pferd, nach einer heimtückischen Krankheit.

Ausgesprochen beliebt und auch geradezu anerkennend gewürdigt waren die sogenannten »schönen« Todesfälle, etwa herbeigeführt durch freudigen, wenn auch übermäßigen Genuß. Aber wer sich hingebungsvoll überfressen hatte, bis das Hirn aussetzte oder sein Herz zu schlagen aufhörte – so was war geradezu beneidenswert. Sich im Alkoholrausch lärmend ums Leben zu bringen – hoher Anerkennung sicher. Mitten im Genuß der Liebe zu sterben, und wenn auch in einem fremden Bett – ein weithin, wenn auch nur flüsternd, vielbesprochenes freudiges Ereignis.

So wurde ein Bauer unseres Dorfes mächtig bestaunt und viel beneidet zu Grabe getragen. Von weit her waren Anteilnehmende herbeigeströmt. Denn der verehrte Tote hatte eines gewiß schönen Tages den Entschluß gefaßt, fortan nur noch zu leben – nichts weiter sonst. Er füllte sich mit Speisen und Trank, bis er glücklich verröchelte – im Stall, mitten unter seinen Tieren, denen er letzte Lieder vorgesungen hatte.

»Der«, sagten dann die Trauergäste entzückt, wenn auch nur heimlich, »hat sich seinem Gott herrlich in die Arme gelebt!«

Ausgesprochene Gewalttaten – Mord und Totschlag – waren hierzulande, zumindest vor 1933 selten. Natürlich kamen auch sie vor, und dann mit jeder erdenklichen Brutalität. Doch eben dafür fehlte unseren Landsleuten auch nur das geringste Verständnis; dann reagierten sie streng alttestamentarisch und forderten unerbittlich: Auge um Auge, Zahn um Zahn!

Als in unserem Landkreis ein Mörder vor Gericht mangels Beweisen freigesprochen wurde, schlugen ihn die Bewohner seines Dorfes tot. Mit Hilfe des dort stationierten Gendarmen. »Das waren wir uns schuldig«, sagten sie erleichtert. Hierauf feierten sie ausgedehnt sein Begräbnis – auf eigene Kosten.

Eine recht seltsame Scheu allerdings bestand in Ostpreußen vor dem Wassertod. Denn nicht wenige ertranken in einem unserer zahlreichen Seen – zumeist junge Menschen, sehr oft kleine Kinder. So was vermochte selbst noch so hartherzig erscheinende Alltagsrealisten zu erschüttern. Sogar sie flüchteten sich dann willig in die Bereiche des Geheimnisvollen.

So praktisch die Normalostpreußen auch zu denken pflegten, diesmal jedoch sagten sie nicht: »Das arme Jungchen hätte eben schwimmen lernen sollen – dann wäre ihm das nicht passiert.« Sie sagten vielmehr: »Der Wassermann hat ihn geholt – da kann man nichts machen.«

Dieser »Wassermann« geisterte durch ganz Ostpreußen. In einigen Gegenden hieß er »Topnik«, in anderen »Dobnik«, in wieder anderen »der Topich«. Übereinstimmend wurde er als klein und alt beschrieben, zumeist schreiend rot gewandet, doch mit grünlichem, stets feuchtem Vollbart. Er liebte die Unschuld – und diese ohne Unterschiede des Geschlechts. Er zog sie zu sich herab.

Die Berichte über diesen heimtückischen Wassergeist sind zahlreich – noch in unserem Jahrhundert wollen ihn viele »mit eigenen Augen« gesehen haben. »Schnellte er wie ein Hecht heraus, nach meinem Halse packend!« – worauf der so Angepackte »aus Leibeskräften den Namen Jesus« geschrien habe. Und das dreimal. So entkam er, nicht ohne daß ihm der Topich drohend zugerufen habe: »Dein Glück, mein Unglück – dein Unglück, mein Glück!«

»Der ist ein ganz kleiner Mann, so groß wie ein Kind, das noch nicht zur Schule geht. Einen struppigen Teufelsbart hat er und auf dem Kopf eine rote Mütze mit einer Troddel, aber nicht immer!« Manchmal verwandelte sich seine Mütze in »eine wunderschöne Seerose«. Seine Augen waren »gierig« und sein Lachen »grimmig«. Seine Leichen riefen ein großes Schaudern hervor.

Der sogenannte Heldentod hingegen scheint den Ostpreußen weitaus selbstverständlicher und auch angenehmer gewesen zu sein. Denn Gräber von Helden gab es in diesem Land in überaus großer Anzahl. Sie konnten nicht übersehen werden – denn sie lagen zumeist in einer ausgesucht schönen Landschaft und wurden hingebungsvoll gepflegt. Sie stammten alle aus dem Ersten Weltkrieg.

Diese Heldengräber wurden zu bevorzugten Zielen von Sonntagsausflügen. Kein Verein, der sich nicht zu ihnen hingezogen fühlte – sie schossen Salven über die Totenhügel, sangen schwermütige Lieder davor, redeten pathetisch-primitiv darüber hinweg. Und sie pflanzten Lebensbäume, Efeuumrandungen, Rosenhekken.

»Denn sie sind«, so wurde mehrfach gesagt, »für uns gefallen!« Und dann wurde gesagt: »Schließlich kann es uns allen, irgendwann, einmal genauso gehen.« Was dann auch, leider, alsbald geschah.

Wenige Jahre später nur – und das ganze Ostpreußen war wie ein einziges Grab. Dagegen nahezu idyllisch das, was der Erste Weltkrieg – vor allem die »Schlacht von Tannenberg« und jene »Winterschlacht bei den Masurischen Seen«, gleichfalls 1914 – an Spuren hinterließ. Dabei machten unsere Landsleute keinen Unterschied zwischen russischen und deutschen Heldengräbern. Sie pflegten alle. Und sie beteten vor jedem. Ihre Großzügigkeit war grenzenlos.

Hinterher feierten sie – Ströme von Alkohol flossen dann, aber auch reichlich Tränen. Unsere Ostpreußen besaßen nun mal eine riesige Menge von Gefühlen. Besonders wenn es um angeblich große, gewaltige Dinge ging. Ansonsten waren sie mehr von robustem Gemüt – und von fast kindlicher Naivität.

»Du darfst nicht traurig sein, Jungchen«, sagte mein geliebter Großvater zu mir, »aber jetzt muß ich sterben.«

»Und wer bekommt dann deine Bücher?«

»Du, mein Kind«, sagte er lächelnd, »wenn du sie haben willst.«

»Ich will sie haben«, sagte ich. »Aber deshalb mußt du ja nicht gleich sterben.«

»Ich kann schließlich deine Großmutter nicht allein lassen«, sagte er erklärend. Großmutter war wenige Wochen zuvor gestorben – er litt darunter; und niemand von denen, die ihn liebten, wollte ihn leiden sehen. Zwingend erkannte auch ich: er mußte zu ihr. Was hieß: er konnte hier, in dieser Welt, ohne sie nicht mehr leben. Das verstand ich.

Und so sagte ich denn: »Ich nehme mir also deine Bücher.«

»Fein«, sagte er. »Denn die brauche ich ja nun nicht mehr. Aber denke daran, mein Jungchen, daß Bücher gelesen werden wollen – dazu sind sie da.«

10. Kapitel

# Seen und Wälder, Fische und Vögel

Wo sich aufhört die Kultur, da sich anfängt der Masur.
*Eine scherzhaft gemeinte Formulierung*

Masuren ist die Harfe und das Spiel der Winde.
*Hansgeorg Buchholtz*

Und sie besaßen eine Seele, zu deren Eigenarten blitzhafte Schläue gehörte und schwerfällige Tücke, tapsige Zärtlichkeit und eine rührende Geduld.
*Siegfried Lenz*

Deutschland, nicht etwa Amerika, will mir neuerdings immer mehr als das Land der unbegrenzten Möglichkeiten erscheinen – zumindest in geistigen Bereichen; mit all seinen denkbaren Grenzgebieten. Ostpreußen gehört selbstverständlich dazu. Und darin in Besonderheit eine Gegend, die Masuren genannt wurde.

Denn nichts ist vorstellbar, das dort nicht möglich gewesen wäre! Masuren war, so wollte es nicht wenigen erscheinen, Paradies und Hölle zugleich. Auf den jeweiligen Blickwinkel kam es dabei an.

Literaten hatten das frühzeitig erkannt und auch freudig ausgewertet. Hier, so verkündeten sie gleichermaßen beschwingt wie auch hektisch hochgesteigert, ist Urlandschaft gewesen, Urheimat, Einsamkeit, Weite, Tiefe. Und darin Menschen, die mit diesen stillen, drückenden Urgewalten fertig werden mußten; und die das auch wurden oder eben daran zerbrachen. Berge von Literatur entstanden daraus.

Daraus ergaben sich denn auch – und wo denn wohl auch anders sonst derartig schreiend – so manches dennoch wie gepflegt erscheinende Vorurteil, etliche beharrliche Verallgemeinerungen, viele Wunschtraumfiguren. Neben kuriosen masurischen »Saufköpfen« wurden gottsuchende Einzelgänger geschildert, dazu leidenschaftliche Tiertöter, sensible Sexualprotze und mannstolle Landmädchen. Aber auch urbrave Kirchgänger, treueste Liebende und feurigste Patrioten waren in dieser großzügigen Leibesvisitationsliteratur anzutreffen.

»Einen Dreck weiß man von uns«, stellte dazu ein Masure freudig verächtlich fest. »Wir sind wir – und jeder von uns ist anders!«

Dieses Land lag im Süden Ostpreußens – Seen und Wälder beherrschten es. Gern wurde es »das Land der tausend Seen« genannt, was wahrlich keine Übertreibung gewesen ist. Dr. Kowalski, ein vorzüglicher Kenner unserer Heimat, gibt deren Zahl mit »etwa dreitausend« an.

Als Junge beherrschte mich gar nicht selten das berauschende Gefühl: dieser See, in dem ich gerade bade, gehört mir. Allein mir. Das schien auch so zu sein – weit und breit kein Lebewesen sonst. Und manchmal war ich versucht zu glauben: jeder Ostpreuße, bestimmt aber jeder Masure, besitzt seinen eigenen See.

Doch die stets ernüchternde Statistik besagt: der Anteil der Wasserfläche, also der Seen, an der Gesamtfläche von Masuren betrug, im Durchschnitt, nur etwas mehr als zehn Prozent. Wenig war das ja, bei Gott, nicht – dennoch für willig kindliche Gemüter enttäuschend. Da hatten wir Knaben nun gemeint: ganz Masuren bestehe aus einer einzigen dichten Kette von Seen; und wir glücklichen Menschenkinder schlängelten uns zwischen ihnen hindurch.

Immerhin jedoch war aber der Anteil unserer Wälder, gemessen an der Gesamtfläche des Landes, erfreulich, fast schon bestaunenswert groß: an die dreißig und mehr Prozent. Wälder von dieser zusammenhängenden Größenordnung gab es nirgendwo sonst mehr in Deutschland; zumindest nicht in Preußen. Aber auch in Bayern nicht, auch nicht im Schwarzwald – nirgendwo.

Diese Wälder wurden von Kiefern beherrscht. Etliche von ihnen – »Mastbäume eines Schiffes in die Ewigkeit« – erreichten eine Höhe von über vierzig Metern. Und um die sagenhafte Königskiefer beim Muckersee zu umspannen, mußten sich drei voll ausgewachsene Männer erheblich anstrengen.

Doch unsere wild wuchernde Liebe gehörte den Gewässern – und das sind nicht nur die zumeist tiefen, klaren ostpreußischen Seen gewesen. Auch die verlockend schweigenden Moorwässer gehörten dazu, die verwachsenen Tümpel und Teiche, die gelassen dahinfließenden Bäche, die flott sich verströmenden, fischreichen Flüsse. Auch gab es inmitten der dichtesten Wälder zahlreiche kreisrunde Kesselseen – sie leuchteten in einer preußisch anmutenden Blaufarbe und waren durchsichtig bis zum Grund.

In nicht wenigen unserer Seen wurden Tiefen von sechzig, sogar achtzig Meter gemessen. Schaudererregende, wonnig genossene Abgründe – vom dahingleitenden Boot aus betrachtet. Des Wassermanns lockendes Reich wurde spürbar.

Niemand, der hier leben durfte, vermochte sich wohl auf die Dauer dem Zauber dieser Natur zu entziehen. Seine Augen saugten die Landschaft ein. Und mit allen betörten Sinnen erlebte er das Tier. Auf den Feldern die Kühe, an den Seen die Wasservögel und in ihnen die Fische – in verschwenderischer Fülle.

Vögel: stolze Schwarzstörche, unnahbare Kraniche, erdschwarze Kormorane, silbergraue Reiher, die nachtdunkle und auch heißhelle Schreie auszustoßen vermochten. Dazu der Milan, mit weitgebreiteten Schwingen; um ihn graziös dahintaumelnde Enten und windschnelle Taucher. Und hundert und mehr andere Vogelarten.

Unvergeßlich: der alljährliche Zug der Wildgänse. Immer wenn es auf den November zuging, die grauen Nebeltage uns einzuhüllen drohten, der Himmel bedrückend schwer über unseren Feldern hing – dann stiegen die Wildgänse auf. Die langen Hälse weit vorgereckt, wie der Unendlichkeit entgegenstrebend. Gebannt – ohne jemals zu erkennen, warum – verfolgten wir den Flug dieser Tiere, für die es keine Begrenzungen durch Horizonte gab. Und es war, als trügen sie alle unsere Sehnsucht mit sich. Fort. Irgendwohin. So vermochten wir die Weite dieser Welt zu erahnen, auch ohne um sie exakt zu wissen.

Fische: lauernde, plötzlich zustoßende Hechte; träge, wie sich sonnende Karpfen; lichthell blinkende Maränenschwärme über moorigem Urgrund. Dann Barsche in allen erdenklichen Größen; ferner zierliche, silberne, mit spitzen Stacheln versehene Stichlinge. Aber dann auch sargdunkel, menschenscheu, geheimnisvoll dahingleitend: der Wels. Meterlange Exemplare gab es bei uns.

Und in den Buchten vieler unserer Seen blühten Aberhunderte von Wasserrosen, einen betäubenden Teppich aus schneeweißer Schönheit bildend. Sein Anblick machte sprachlos – was aber bei Ostpreußen nicht sonderlich viel besagen muß. Sie hatten sich daran gewöhnt, schweigend zu genießen.

»Dieser verschwenderische Reichtum«, klärte uns ein Lehrer auf, »basiert auf einem sehr glücklichen Mißverhältnis zwischen der bei uns herrschenden Zeugungskraft der Natur und dem Ausbeutungsvermögen der Menschen. Der Spirdingsee etwa ist einhundertundsechs Quadratkilometer groß, der Mauersee immerhin noch einhundert – doch damit verglichen, wirkt die Bevölkerung darum herum erfreulicherweise klein.«

Dieses Land, so berichteten fast übereinstimmend seine Dichter, habe nie »ein helles, lachendes Gesicht« besessen. In den Wintern versank denn auch Masuren regelmäßig in ein weißes, eisiges, beharrliches Schweigen, während seine kurzen Sommer wie in verschwenderisch geschürten Gluten kochten. So was mußte ins Blut gehen.

Einstmals ist dieses Masuren – vor an die siebenhundert und einige wenige Jahre mehr – eine Art Wildnis gewesen. Sie wurde dann eine Zeitlang bewußt von den sich ansiedelnden Reichsdeutschen als solche belassen, als eine Art Schutzwall gegen die stets aufdringlichen Polen und Litauer. Offenbar nur höchst mühsam schien hier das vor sich zu gehen, was gemeinhin »Kultivieren« genannt wird. Eine Art seltsames Urland blieb so weitzeugend lange erhalten.

Noch in meiner Jugend, im ersten Drittel dieses Jahrhunderts, standen in Masuren viele niedrige, strohgedeckte Häuser. Es war, als versuchten sie sich wie verbissen an dieses Land zu klammern, in das sie hineingestellt worden waren; in es hineinzukriechen, sich mit ihm zu vereinen. Sie lebten niemals allein vor sich hin – sie waren wie eingebettet in eine zwingende Ordnung. Sich damit abzufinden, versuchten sie ehrlich.

Niemals, so schien es bei uns in Masuren, vermochte der Mensch völlig zu vergessen, wie nahe ihm etwa das Tier war – und daß es gar keine andere Wahl hatte, als zum Teil jener Natur zu werden, die es in verschwenderischer Fülle und zugleich mit gebieterischer Forderung umgab. Es konnte nur dann leben, wenn es ihm gelang, mit der Schöpfung in Einklang zu sein.

Und eben das gelang diesen Masuren tatsächlich – manchmal.

11. Kapitel

# Bauer aus Masuren

*Eine Erinnerung*

In unserem Dorf hatte der Bauer Materna stets die größten Kartoffeln; nicht wenige glaubten daher, er sei der Dümmsten einer. Und unser Bürgermeister ging sogar so weit, eines Abends im Gasthaus in fortgeschrittener Stunde auszurufen: »Dieser Materna ist ein Schandfleck für ganz Ostpreußen!«

Alfons Materna saß dabei, als diese bösen Worte fielen; und nachdem er sie vernommen hatte, lächelte er. Materna lächelte immer; selbst dann noch, wenn der Pfarrer auf der Kanzel einen langen, betrüblichen Blick auf den bezeichnenderweise so überaus erfolgreichen Kartoffelbauern warf.

Materna, so schien es, war durch nichts zu beeindrucken; schon zu Kaisers Zeiten soll das so gewesen sein. Auch gehörte er weder dem Kriegerverein noch der Freiwilligen Feuerwehr an. Und wenn unser Lehrer, nachdem selbst kräftige Prügel vergeblich schienen, ein vernichtendes Urteil zu fällen gedachte, dann rief er uns zu: »Ihr werdet noch einmal enden wie dieser Materna!«

So war es denn nicht weiter verwunderlich, daß wir Schulkinder bei jeder sich bietenden Gelegenheit, zum Teil mit schaudernder Neugier, die Nähe dieses Alfons Materna suchten, ihn forschend betrachteten und zu ergründen bestrebt waren, warum er wohl ein so fürchterlicher Mensch sei. Denn daß die hohe Obrigkeit zumeist mit ausgestrecktem Zeigefinger auf ihn wies, mußte doch einen besonderen Grund haben, den wir zunächst allerdings nicht klar erkennen konnten – bis dann später etwas geschah, was viel Staub aufwirbelte und weit über die Grenzen unseres kleinen Dorfes hinaus die Gemüter erregen sollte.

An und für sich war Alfons Materna ein Mann wie fast alle anderen im Dorfe auch: ein stämmiger Kerl, leicht gebückt, mit klaren Augen und großen, ruhigen Händen; sein ledernes Gesicht war durchfurcht von vielen Falten. Und als eines Tages ein Exemplar des Ostpreußenkalenders sogar unser Dorf erreichte, war darin ein Foto vorzufinden, unter dem geschrieben stand: Bauer aus Masuren. Und dieses Foto schien Materna darzustellen; er war es jedoch nicht, was schließlich zur allgemeinen Erleichterung festgestellt werden konnte.

Aber er hätte es sein können! Unter dieser Erkenntnis litt das Dorf, zumindest dessen Honoratioren, längere Zeit, bis es dann dem Pfarrer in einer Predigt gelang, den Nachweis zu führen, daß sogar der Teufel bestrebt sei, in Engelsgestalt zu erscheinen. Und unser rühriger Gendarm trug fortan einige Fotografien von steckbrieflich gesuchten Verbrechern mit sich herum, die deutlich machen sollten, daß auch Kriminelle und sogar Politiker der Weimarer Republik gelegentlich durchaus ein recht passables Aussehen haben können. Warum also nicht auch ein Materna?

Es waren mehrere Dinge, die in unserem Dorf zu der Erkenntnis geführt hatten, daß dieser Alfons Materna ein »überaus gefährlicher Mensch« sein müsse – oder aber: ein verheerend dummes Geschöpf. Die unbestreitbar größten Kartoffeln, die er erntete, wiesen in diese Richtung; wie denn auch alles, was er anbaute, zu vielbestaunten Ernten zu führen pflegte. Und das überdies bei einem Arbeitsaufwand, der getrost mit Faulheit bezeichnet werden konnte.

Da schufteten sich die braven Bauern die Lunge aus dem Leib und Gicht in die Knochen, während Materna beim Angeln angetroffen werden konnte. Der Lehrer war sogar bereit zu schwören, daß er diesen Materna wiederholt völlig tatenlos vorgefunden habe: gegen eine Birke gelehnt und das Moor betrachtend; auf einer Wiese liegend – und das nicht etwa, um zu schlafen, was auf vollstes Verständnis gestoßen wäre, nein: um in den Himmel zu starren! Hätte nur noch gefehlt, daß man Materna mit einem Buch angetroffen hätte; aber diesem Laster war in unserem Dorf niemand verfallen.

Unser Dorf lag an einem der vielen Seen im Süden des Landes, sieben Kilometer von der nächsten Bahnstation entfernt, wohin eine konturlose Straße führte. Zu unserem Gemeinwesen gehörten 328 Menschen und dann noch eben dieser Alfons Materna, dem nichts wichtiger zu sein schien, als seinen Kohl anzubauen und eine ruhige Kugel zu schieben. Zwar besuchte auch er das Gasthaus und die Kirche, aber er entzog sich dem sogenannten geistigen Leben unseres Dorfes mit einer Beharrlichkeit, die viel böses Blut machte.

Er kam aus dem großen Krieg – der später der Weltkrieg, noch später der Erste Weltkrieg genannt werden sollte –, ohne sichtbar durch das Stahlbad geläutert zu sein; denn er weigerte sich, dem Kriegerverein beizutreten, das noch dazu mit der Bemerkung: er sei geistig zu beschränkt, um daran Gefallen zu finden. Als er schließlich dem allgemeinen Drängen nachgeben und sich einreihen mußte, versagte er, außer bei Bierabenden, völlig.

Dieser Materna schien weder fähig, ein Kommando zu befolgen, noch zeichnete er sich durch Pünktlichkeit aus; und wenn vaterländische Lieder abgesungen wurden, lärmte er derartig atonal, daß das ganze Zeremoniell hochgradig gefährdet war. Das hatte zur Folge, daß in Zukunft auf seine Mitwirkung bei offiziellen Veranstaltungen verzichtet wurde; und es war bezeichnend, daß er keinerlei Neigung zeigte, diesen Vorgang als ehrenrührig zu empfinden.

Hinzu kam, daß es sich Materna leistete, eine überaus seltsame Ehe einzugehen. Obwohl ihm, seines ertragreichen Hofes wegen, die besten Töchter des Landes, darunter die des Pfarrers und des Bürgermeisters, nicht abgeneigt gewesen wären, kam er auf den beklagenswerten Einfall, sich eine Frau von auswärts zu holen – und nicht nur eine aus einem anderen Dorf, nein, eine aus einem fremden Land, aus Polen.

Diese seine Frau war nun gewiß ein ansehnliches Wesen, recht kräftig und beneidenswert gut im Fleisch, außerordentlich arbeitswillig obendrein; aber sie sprach, wenn sie überhaupt sprach, eine fremde Sprache, die weder Materna noch sonst irgendeiner im Dorf beherrschte. Und Materna hatte sogar die Stirn zu erklären: »Deshalb habe ich sie ja geheiratet! Denn meine Ruhe ist mir heilig!«

Diese Ruhe, die ihm angeblich heilig war, wurde gewißlich die Ursache zu all dem Streit, der dann um Materna entstand. Dieser Mensch war einfach nicht willens, sich der Gemeinschaft anzuschließen. Er zog seine Furchen und betreute sein Vieh, er pinselte alljährlich sein Haus blütenweiß an und widmete sich mit gleicher Regelmäßigkeit seiner Frau; aber er stimmte niemals ab, marschierte nirgendwo mit und schwenkte keine Fahne. Und immer wieder erklärte er: »Dafür bin ich zu dämlich. Ich gehöre nämlich zu denen, die Gott lieb hat, denn ich bin arm im Geiste.«

All das geschah zu einer Zeit, als die gewaltige braune Welle anrollte und sich anschickte, das ganze Land zu überspülen. Auch unser Dorf geriet in den großen Sumpf, denn unsere braven Männer reagierten nicht anders als Millionen anderer braver Männer auch: sie hielten den Nationalsozialismus für Deutschland und Hitler für einen Ehrenmann. Vielleicht mit Ausnahme von Materna; aber der war ja, nach eigener Aussage, geistig beschränkt – in welchem Ausmaß, das sollte sich bald zeigen.

Alfons Materna jedenfalls erntete auch weiterhin die größten Kartoffeln, erfreute sich seiner fleißigen Frau, angelte wie ehedem mit Hingabe und gab seinem Rindvieh neuartige und populäre Namen, damit man sähe, wie er die neue Zeit zu würdigen wisse.

Auch zögerte Materna nicht, sich in die SA einzureihen, als er dringlich gerufen wurde. Nur blieb er auch dort nicht lange, denn er hielt es für angebracht, auf Sturmabenden im Gasthaus haarsträubende Schmähverse zu zitieren, das allerdings niemals ohne die empörte Schlußbemerkung: »Ist das nicht eine Schande, Kameraden!«

Die Partei sah sich daher gezwungen, diesen Materna auszuschließen, mit der keinesfalls als kränkend gedachten Feststellung, daß er eben »zu dämlich« sei, den Geist der neuen Zeit voll und ganz zu begreifen. Materna lächelte in gewohnter Weise, als er sich willig entfernte, um in seinem Birkenwald Eidechsen suchen zu gehen. Zurück jedoch blieb peinliches Unbehagen: die einheitliche Front, die auch unser Dorf darzustellen entschlossen schien, wies eine Lücke auf. Dann kam die Zeit für das stolze, umfassende Bekenntnis, die gemeinhin Wahlen genannt wurde und in denen bekanntlich die Bevölkerung nahezu hundertprozentig Gefolgschaftstreue gelobte. In unserem Dorf war das nicht anders. Die Menschen, so sie das rechte Alter hatten und nicht dem Tode näher waren als dem neuen nationalen Leben, strömten alle herbei und gaben ihre Stimme ab; unter ihnen auch Alfons Materna mit Frau und Gesinde. Er hatte, wie angeordnet, sein Haus mit Birkenreisern geschmückt und eine überdimensionale Fahne entrollt, deren neu errichteter Mast in unmittelbarer Nähe der Jauchegrube stand.

Nun wurde aber auch unser Dorf von jenem damals wie auch heute gar nicht so seltenen Ehrgeiz heimgesucht, ein ganz besonders prächtiges Dorf zu sein, was sich darin äußerte, daß seine führenden Persönlichkeiten mit Eifer bestrebt waren, ein möglichst frühzeitiges Wahlergebnis vorzulegen. Das wurde denn auch, durch besonders kräftige und wirkungsvolle Nachhilfe, erreicht.

Bereits in den frühen Nachmittagsstunden wurde die Bevölkerung zusammengetrommelt und fand sich auch bereitwillig vor der Schule, dem Wahllokal, ein. Auch Alfons Materna hatte das Gasthaus verlassen und lauschte nun mit freudigem Lächeln den Ankündigungen des Bürgermeisters, der zugleich Ortsgruppenleiter war. »Liebe Volksgenossen!« rief er mit lauter Stimme. »Ich kann euch ein stolzes Ergebnis mitteilen. Von 204 Wahlberechtigten haben 201 ihre Stimme abgegeben – und alle 201 für unseren geliebten Führer Adolf Hitler!«

Doch ehe noch der Bürgermeister und Ortsgruppenleiter in das unvermeidliche »Sieg Heil« ausbrechen konnte, in das einzustimmen die Anwesenden gewillt schienen, fragte Materna freundlich: »Hast du dich auch nicht verrechnet?«

Die Anwesenden betrachteten Materna, der mit gelassenem Lächeln dastand, erstaunt und nicht frei von erschaudernder Ungläubigkeit. Der örtliche Führer war zunächst nur verwirrt, dann rettete er sich in massive Unwilligkeit und fragte barsch: »Was soll das heißen, Materna? Was willst du damit sagen?«

»Ich will damit sagen«, erkärte Materna mit seinem friedfertigsten Lächeln, »daß du dich verrechnet haben mußt. Denn zumindest eine Stimme, und das weiß ich mit Sicherheit, war dagegen.«

»Willst du etwa damit sagen«, konterte der Ortsgewaltige brüllend, »daß du gegen unseren geliebten Führer bist?«

Und als Materna nunmehr erklärte, daß er nicht das geringste gegen den geliebten Führer einzuwenden gedenke, daß allerdings Tatsache sei, daß er ihm seine Stimme nicht gegeben habe, sei es nun aus der ihm nun einmal eigenen Dummheit, sei es aus Überzeugung – da erhob sich ein gewaltiger Tumult. Und nunmehr meldeten sich noch sieben weitere Männer, die das verkündete Ergebnis anzweifelten und schließlich den Antrag stellten, die ganze Wahl für ungültig zu erklären. Das Wort »Betrug« wurde lautstark ausgesprochen und konnte selbst durch den sofort einsetzenden Lärm einer Blaskapelle nicht mehr aus der Welt geschafft werden.

Materna aber ging seelenruhig nach Hause. Und immer noch gab es einige, die da behaupteten, daß er ein ganz fürchterlich dummer Mensch sei. Seine Kartoffeln, die die größten weit und breit waren, schienen das zu beweisen.

Heute jedenfalls bin ich fest davon überzeugt: jener Mensch im Ostpreußenkalender, in dessen hartem und doch gütigem, aber auch listigem Gesicht sich die Landschaft meiner Heimat widerspiegelte und unter dessen Foto geschrieben stand: Bauer aus Masuren – das ist tatsächlich unser Alfons Materna gewesen.

12. Kapitel

# Burg, Kirche, Marktplatz

Ostpreußen ist nicht Masuren – wenn auch die Masuren Ostpreußen sind. Es gab aber auch noch ganz andere, gleichermaßen bestaunenswerte Gegenden in diesem Land.

*Aus einer Rede bei einem Ostpreußentreffen*

Was jedem Besucher Ostpreußens auffiel – und zwar in allen Teilen des Landes –, das waren die Marktplätze. Sie waren stets von erstaunlicher Größe. Und gar nicht selten sogar größer als die Stadt, zu der sie gehörten.

Auf diesen Plätzen hätte man bequem Rennen veranstalten können. Sie waren jedoch in erster Linie für Viehmärkte gedacht. Wenn sie außerdem noch zum beliebten Aufmarschgelände für nationale Feiern wurden, dann wirkte auch das bei uns gar nicht sonderlich zweckentfremdend.

Als sich in Osterode, unmittelbar nach dem Ersten Weltkrieg, belgische oder französische Besatzungstruppen auf dem Marktplatz formierten, schauten die Bürger besorgt aus den Fenstern; doch dann meinten sie beruhigt: »Sie füllen ihn nicht!« Die Kriegervereine des Kreises schafften das mühelos.

Auch wurde bei uns gern die Geschichte von einem Kaufmann aus Treuburg – oder war es Lötzen oder Lyck oder Gilgenburg – berichtet. Der hatte am anderen Ende des geradezu gigantischen Marktplatzes eine Ansammlung von Menschen gesichtet und schickte seinen Lehrjungen aus, damit der erkunde, was es dort wohl zu sehen gäbe. Nach Stunden erst kehrte dieser Kundschafter zurück und erklärte lapidar: »Da ist einer, den kennt keiner!«

Diese Marktplätze sind aber nicht etwa eintönig eckig, wie mit

Hilfe einer Richtschnur angelegt worden, nur auf ihre Größe bedacht – sie besaßen vielmehr die verschiedenartigsten Formen. So war etwa der Marktplatz von Darkehmen wie ein Tanzpodium, der von Bartenstein glich einer geraden Rennstrecke, und der von Osterode war wie ein Fächer; Sensburg schien einen Garten als Marktplatz zu besitzen und Gilgenburg ein fast genau quadratisches Stadion.

Von der weltweit unbekannten Stadt Marggrabowa wurde behauptet: sie habe »den größten Marktplatz des Weltalls« besessen. Eine Behauptung, gegen die zahlreiche andere Stadtbewohner Ostpreußens glaubhaft protestieren werden. Zumindest die von Treuburg. Denn Treuburg hieß einstmals Marggrabowa.

So gut wie keine dieser kleinen Städte hielt sich für irgendwie gewöhnlich. Allenstein etwa war die »Hauptstadt des Südens«, kurz nach der Jahrhundertwende durch einen Mord in Militärkreisen berühmt geworden; aber dort befand sich auch ein schönes Theater und in der näheren Umgebung die vielzitierte Irrenanstalt von Kortau. »Wer viel wagt«, hieß es im Lande, »der kommt sogar bis nach Allenstein – wer jedoch zuviel wagt, kommt nach Kortau.«

Lötzen etwa, in erklärt schöner Lage, wurde als »das Herz Masurens« bezeichnet, Lyck aber als »die Hauptstadt von Masuren«. Ortelsburg besaß ein sehenswertes Ordensschloß aus dem Jahre 1350. In Angerburg gab es »die größte Fischbrutanstalt Deutschlands« und in Labiau die anerkannt dicksten Kartoffeln und die größten Zwiebeln.

In Insterburg, das 1938 fast fünfzigtausend Einwohner hatte, schlug der russische General Rennenkampff 1914 sein Hauptquartier auf. Bei Johannisburg gab es, auf einer Fläche von über einhundert Hektar, das größte, geschlossene Waldgebiet Deutschlands – die Johannisburger Heide. Und Pillau, zunächst nur ein Fischerdorf, dann seit 1725 mit den Stadtrechten versehen, besaß eins der originellsten Lokale des Landes – die »Illskefall«. Die Burg von Marienwerder aber war ein erklärtes Prunkstück.

In dem übereinstimmend als schön empfundenen Nikolaiken war eine sagenhafte Gestalt im Wasser unter der Hauptbrücke zu erblicken – der angekettete hölzerne Stinthengst, ein Riesenfisch mit Krone. Die Stadt Mühlhausen hatte in ihrem Mühlenteich einen großen Krebs angebunden. Und in Rastenburg, so wurde augenzwinkernd behauptet, soll der Erfinder des Skatspiels gelebt haben – in Bartenstein und Tilsit die beiden dazugehörenden anderen.

Ein Land mithin voller Besonderheiten – sie zu hegen und zu pflegen, waren deren Bewohner stets bemüht. So war für sie »allein Ostpreußen« die Welt aller Welten. Die »Gegend um Berlin herum« wurde gewöhnlich »das fernere Preußen« genannt. Und alles was dazwischen lag, hieß vereinfacht »Westpreußen« – ganz gleich, ob es sich dabei um Posen, Thorn oder Danzig handelte. Die Größe ihrer Marktplätze jedenfalls beschäftigte unsere Landsleute ungleich mehr als ferne Schloßgärten.

Die Burgen wirkten im Vergleich mit ihnen sehr oft weniger eindrucksvoll. Sie, einst erklärter Mittelpunkt, schienen im Verlaufe der Zeiten ein wenig in die Ecke gedrängt worden zu sein. Wohl war immer noch unsere Marienburg ein sorgfältig gepflegtes Prunkstück – viele andere jedoch glichen plumpen Steinkästen; doch nicht wenige davon waren wie Museumsstücke, andere nur noch Verwaltungsbunker. Denn in den Burgen der einstigen Herren Ostpreußens waren oftmals lediglich Teile der dienenden Obrigkeit vorzufinden. Doch nicht etwa die Landratsämter, auch nicht die Stadtverwaltungen – die saßen zumeist in neueren Bauten, von denen allerdings auch kaum eins sonderlich prunkvoll gewesen ist. Das aber hatte nicht nur etliches mit der schon sagenhaften preußischen Sparsamkeit zu tun, sondern mit der Gleichgültigkeit unserer Bevölkerung gegenüber sogenannter Repräsentation.

Und doch ist Ostpreußen kein armes Land gewesen – dort hatte jeder fast jederzeit zu essen; und das zumeist reichlich. Selbst noch in den letzten Monaten des Zweiten Weltkrieges mußte niemand zwischen Memel und Weichsel hungern. Nicht einmal verdursten – denn wo es Kartoffeln und Getreide gab, da gab es auch Schnaps. Und auf dieses Getränk hatten die Ostpreußen schon immer besonderen Wert gelegt.

Ihre Alltagskleidung war äußerst bescheiden – an Sonn- und Feiertagen jedoch trugen sie stets ein feierliches Schwarz. Trachten oder ähnliche landsmannschaftliche Gewandungen waren nur selten anzutreffen. Ihre Häuser wirkten bescheiden, und deren Einrichtung blieb auf das Notwendigste beschränkt. Allein vereinzelte Landedelleute leisteten sich einen gewissen Luxus. Und gelegentlich sogar, höchst selten, eine Art Schloß, deren einige von weitgereisten Kennern als überaus gediegen und stilvoll bezeichnet wurden – einer sprach sogar von »ostpreußischem Barock«.

Das etwa galt für die betont schlicht gebauten, doch oft erlesen ausgestatteten Herrenhäuser der Grafen Dohna, Dönhoff, Eulenburg und Finkenstein – dort gab es Gobelinsäle, Antikensammlungen und sogar »Riesenbibliotheken« zu besichtigen; doch eben nicht für jeden. Denn der einflußreiche hohe Adel in Ostpreußen führte – und hier nur er – ein ausgeprägtes Eigenleben. Dort zu Gast sein zu dürfen, soll sogar dem Kaiser geschmeichelt haben.

Die zahlreichen kleineren und kleinen Adligen auf den Landgütern lebten da wesentlich bescheidener. In deren Häusern waren zumeist »die Zimmer nicht groß, darum im Winter gut warm«. Und der oft dazugehörende »Festsaal« war kaum mehr als dreifenstrig und wurde in der kälteren Jahreszeit »nur Weihnachten benutzt«. Dann aber, in trauter Gemeinschaft, von allen, die zum Haushalt gehörten.

Fast alle diese Guts- und Herrenhäuser hatten eins gemeinsam – sie lagen, wie bemüht verborgen, in alten Gärten oder versteckten Parks. Zu vielen gehörte nicht einmal eine Bahnstation. Für die kilometerweite Anfahrt standen jedoch stets Kutschen bereit – zumeist mit väterlich-fürsorglichen Rosselenkern. Die bekamen es dann fertig, dem Gast sogar im Hochsommer eine Decke über die Knie zu legen. Meinte der dann: »Mir ist warm genug!«, wurde ihm prompt erwidert: »Aber es staubt.«

Nicht wenige dieser ostpreußischen Gutsbesitzer fühlten sich als verantwortungsbewußter Mittelpunkt einer umfangreichen Großfamilie – wer bei ihm arbeitete, gehörte zu ihm und wurde betreut; ob er das wollte oder nicht. Für ein selbstbewußtes oder eigenwilliges »Herrenleben« blieb dabei weder Zeit noch ergab sich Gelegenheit. Und so erregte es denn nicht das geringste Befremden, wenn über dem Eingang zum großen Park von Luisenwahl die Worte eines Kant standen: »Der Mensch bedarf nur wenig und das auf kurze Zeit.«

Glanz und Glätte gab es nirgendwo in diesem Land. Fassaden waren unbekannt. Repräsentative, großräumig angelegte oder gar bewußt auffällig konstruierte Prunkbauten waren weit und breit nicht zu erblicken. Die Marktplätze wirkten wohl ungewöhnlich groß, immer aber denkbar schlicht. Auch Kirchen machten da keine Ausnahmen – und auch sonst nichts, was zum Mittelpunkt des Gemeinwesens gehörte. Nicht die Ratshäuser und nicht die Gasthäuser, nicht die Geschäfte und auch nicht die Wohngebäude der angeblich besseren Bürger. Schon gar nicht die kantigen Steinkästen der Handwerker und Arbeiter in den Nebenstraßen.

Daß die Burgen bei uns nicht alsbald verfielen, ist nur dem wachen, praktischen Sinn der Ostpreußen zu verdanken. Wo einst die Ritter gehaust hatten, dorthin verbannten sie nunmehr mit Vorliebe Finanzämter, Amtsgerichte und Gefängnisse. Aber auch gepflegte Heimatmuseen. Das schien durchaus sinnvoll.

Auch hier hat es gewisse, gar nicht bescheidene Ausnahmen gegeben – nicht nur jene, welche angeblich jede Regel bestätigen. Dazu gehörte aber nicht das prunkvolle Danzig – das lag fast schon weit außerhalb von Ostpreußen. Dazu gehörte schon eher das reiche Elbing – eine Stadt geschickter Kaufleute, Schiffserbauer und Bierbrauer. Und selbstverständlich auch Königsberg, die sogenannte Weltstadt.

Oftmals war es, als spiegele sich in diesem Ostpreußen das ganze Deutschland ab – allerdings sehr verkleinert und wohltuend vereinfacht. Schließlich hatten zahlreiche deutsche Stämme, bis von der Donau, dem Neckar und dem Rhein her kommend, an diesem Land ihren Anteil. Doch sie brachten weder viel Geld mit noch gar Baumeister oder Künstler.

So kam es, daß als wirklich »sehenswert« in Ostpreußen allein die Landschaft bezeichnet werden konnte – und die Menschen, denen diese Landschaft im Verlaufe von Jahrhunderten die Gesichter gezeichnet und die Herzen geprägt hatte. Das aber in bestaunenswerter Vielfalt und Eigenwilligkeit.

Wo man bei uns auch hinkam, man glaubte immer eine Welt für sich zu erblicken – ob nun in Masuren, in Königsberg oder auch im sogenannten Oberland, wo, wie man sagte, das eigentliche Ostpreußen »anfing zu beginnen«.

13. Kapitel

# Die gute Stube des Landes

> Königsberg ist eine Welt für sich. Und Masuren ist wie tausend Welten. Aber das Oberland ist Ostpreußens gute Stube.
>
> *Ein Heimatpoet in einem Kalender*

Die Ostpreußen sagten nicht »Raum« oder »Zimmer« – sie sagten: Stube. Und das war auch zumeist eine höchst zutreffende Bezeichnung. Denn größere Räumlichkeiten gab es in unserem Lande nur selten. Selbst Kneipen und Tanzsäle wirkten beengt, was aber nur die Gemütlichkeit förderte.

Die sogenannte »gute Stube« aber – etwa das, was anderswo mit Salon bezeichnet wurde – war der erklärte Stolz jeder Hausfrau: klein wohl, aber sauber, kernseifensauber; mit strapazierfähigen Möbeln vollgestellt; jederzeit bereit, vorgezeigt zu werden.

So ähnlich ist auch dieses Oberland gewesen.

Es lag im Westen Ostpreußens – auf der bevorzugten Heerstraße des Deutschen Ritterordens. Dessen breiter Weg führte im 14. Jahrhundert von Danzig, Marienburg und Marienwerder aus nach Königsberg, Labiau und Memel – über Osterode, Wormditt und Allenstein. Masuren blieb im Süden liegen, das ferne nördliche Samland war eine Art Außenprovinz – beide wurden erst hundert und mehr Jahre später, den damaligen Spielregeln entsprechend, kolonisiert.

Dieses Oberland jedoch war frühzeitig mit Burgen und Kirchen bestückt und von gewiß mutigen Leuten besiedelt worden. Zahlreiche seiner Städte sind fast so alt wie Danzig oder Königsberg gewesen. Fünf- oder gar Sechshundertjahrfeiern konnten dort begangen oder wenigstens doch frühzeitig geplant werden. Wobei das

Wichtigste das »Fest« war. »Dafür ist uns jeder Anlaß willkommen und jedes Mittel recht« – vermutlich auch die eine oder andere großzügige Auswertung alter Dokumente.

Daß etwa zahlreiche fränkische Marktflecken oder viele bayerische Gemeinden ungleich ältere Gründungsdaten vorzuweisen vermochten, davon nahm in Ostpreußen kaum jemand Notiz – es störte dort niemand sonderlich. Nicht wenige legten das sogar als einen besonderen Vorzug aus. Sie meinten nämlich: wenn hier im Osten die Geschichte so an die achthundert Jahre später angefangen hat als drüben im alten Reich, so war hier eben alles neuer, jünger und damit auch kraftvoller, gesünder. Meinten sie.

Andere wieder sahen in Ostpreußen nichts als dies: eine Anleihe von Franken, einen Abglanz von Schwaben, eine ferne Filiale von Köln, Berlin oder Lübeck. Sogar Teile der ostpreußischen Landschaft wollten diesen ahnungslosen Ahnenforschern wie ausgeliehen erscheinen – sie glaubten etwa in Masuren Ähnlichkeiten mit dem Schwarzwald zu erblicken, im Oberland Anklänge an Norddeutschland, anderswo Abziehbilder der Mark Brandenburg, in wieder anderen Gebieten Ausschnitte aus der Lüneburger Heide.

Dieser seltsame Effekt ließ sich aber auch umgekehrt entdecken. Ernst Wiechert, weltweit anerkannter Masurenroman-Spezialist, wies auf die sanfte Hügellandschaft vor seinem Haus in Wolfratshausen, in Oberbayern, hin und meinte: »Fast wie in Ostpreußen.«

Das war eine vergleichsweise noch vorsichtige Behauptung. Doch ein anderer Landsmann, der sich später gleichfalls im Bayerischen angesiedelt hatte, blickte aus seinem Wohnzimmerfenster auf Moor, Birken und Hügel, die breit und flach waren und fast eine gewisse Weite vortäuschten. Dabei erklärte er, stolz und erinnerungsträchtig: »Ganz wie in Masuren!«

»Eher wie im Oberland«, sagte ich vorsichtig.

»Für mich«, versicherte er heimattreu, »ist beides dasselbe.«

Das jedoch ist ganz und gar nicht der Fall gewesen. Auch wenn einst ein bildungsbewegter, erlebnisfreudiger Reisender aus dem näheren Ausland, aus Schlesien, behauptet hatte: »Fast unmerklich geht Masuren in das Oberland über. Sie wollen dem Betrachter wie brüderlich vereint erscheinen.«

Nun gut, sie mögen Geschwister gewesen sein; niemals jedoch Zwillinge. Sie gehörten gewiß zur gleichen Familie – doch was besagt das schon? Zum Verwechseln ähnlich waren sie sich keinesfalls.

Rein äußerlich betrachtet, ist Masuren weitaus dunkler und stiller gewesen als dieses Oberland – denn das erschien, selbst bei flüchtiger Betrachtung, ungleich heller und heiterer. Masuren war wie von Geheimnissen umwittert; im Oberland schien eine geradezu kantische Klarheit zu weben. Und seine Bewohner machten nicht selten den Eindruck, als wären sie lediglich vorübergehend zweckentfremdete Beamte.

Auch waren die Wälder des Oberlandes weniger dicht als die von Masuren, somit zugleich ihr Wildbestand ungleich geringer. Aber dafür war die landwirtschaftliche Nutzfläche des Oberlandes wesentlich größer. Hier waren denn auch die Seen kleiner, die Hügel jedoch weit zahlreicher – sogar ungleich höher. Bis hin zu den »Kernsdorfer Höhen«, der nachweisbar höchsten Erhebung Ostpreußens. Dreihundertdreizehn Meter!

Wer dieses Oberland in seiner ganzen schlichten Schönheit unmittelbar und unabgelenkt entdecken wollte, der mußte von Elbing her kommen – und von dort in Richtung Osterode fahren. Und zwar mit dem Schiff. Er ist dann »bergauf« gefahren.

Denn sein Schiff hatte eine Steigung von etwa einhundert Metern zu überwinden – und zwar in fünf Stufen. Auf Schienen montierte Fahrwerke nahmen sein Motorboot auf, zogen es aus dem Wasser, schleppten es über einen Hügel, ließen es in das nächste Fahrwasser gleiten, um es alsbald wieder über einen anderen Hügel zu schleppen. Diese einzigartige, vielbestaunte Transportmöglichkeit wurde »geneigte Ebenen« genannt.

Zwischen diesen fünffachen Hügelüberwindungen glitt dann das Schiff der entzückten Reisenden durch leuchtende Laubwälder und zwischen sich sanft wiegenden Weiden hindurch, an starren Buchen oder knorrigen Eichen vorüber – in den sogenannten Dutzkanal hinein. Und der gehörte zu den weit mehr als Sieben Wundern, die Ostpreußens kleine, aber oft seltsame Welt zu bieten hatte.

Dieser Dutzkanal lag – und liegt ja auch heute noch – zwischen dem Rothloffsee und dem Bartingsee; und wenn auch diese Gewässer jetzt sicherlich ganz anders heißen, so ist doch anzunehmen, daß ihr Zauber völlig unverändert erhalten geblieben ist. Der »Kanal« jedenfalls floß flirrend und funkelnd unter einem Traumgewölbe aus dichtem Laub dahin – und sein kristallklares Wasser glich einem Spiegel von magischer Anziehungskraft.

Es hieß bei uns: »Alle Wasser Ostpreußens spiegeln die Seele seiner Menschen wider.«

Doch es gab auch beängstigend dunkle Gewässer in diesem Land.

14. Kapitel

# Poeten leben mühsam

Da kann man bloß noch sagen – Erbarmung!
*Ausspruch eines unserer Gutsbesitzer*

Das Wort »Erbarmung« – breit und schwer ausgesprochen, besser noch: kraftvoll hinausgeseufzt – gehörte zu den bevorzugtesten Temperamentsausbrüchen der ansonsten eher verkniffen schweigenden Ostpreußen. Es besagte so ziemlich alles, zumeist aber dieses: es ist einfach nicht zu fassen, was da so alles geschieht! Und vieles davon, bekundete dieser Ausruf weiter, ist noch dazu »saukomisch« – und so was genossen sie, ohne das aber auch zugeben zu wollen. Auch dieses Ostpreußen ist – wie das übrige Deutschland – ein Land der unbegrenzten menschlichen Möglichkeiten gewesen. Das ließ sich an der Art, wie dort die Musensöhne behandelt wurden, besonders deutlich erkennen. Denn die hatten nicht selten zu leiden, nur weil sie lieben wollten. Dafür gab es handfeste Gründe: Literaten vermochten kein erkennbares schweres Tagewerk vorzuweisen, nicht einmal vorzutäuschen – und so was machte im hartarbeitenden Ostpreußen grundsätzlich mißtrauisch.

So soll ein Gutsbesitzer, über einen seiner Söhne aufgeklärt, ausgerufen haben: »Der Bengel gehorcht mir nicht, aber das kann ich ihm nicht verdenken. Er hat zwei Dienstmädchen verführt, den Pastor verprügelt und seinen Bruder mit einem Messer bedroht, das mag ja zur Not noch angehen. Aber dieser Lümmel schreibt sogar Gedichte! Da kann man bloß noch sagen – Erbarmung!«

Dabei ist Ostpreußens Literatur, gemessen an seiner Bevölkerung, geradezu gigantisch gewesen. Vermutlich ist dort nahezu jeder zweite, bestimmt aber jeder dritte Einwohner eine Art verhinderter Dichter gewesen. Die meisten schrieben jedoch nur heimlich. Doch später habe ich nicht wenige kennengelernt – Lehrer ebenso wie Bauern, Justizbeamte, Fischer und Totengräber –, die offenbar ihr Leben lang mit irgendeinem Buch schwanger gegangen waren. Damals jedoch – eingespannt in harte Arbeit, freudig gierend nach fröhlichen Festen – hatten sie vorgegeben, das literarische Metier von Herzen zu verachten. Irgendwie wird es ihnen wohl verdächtig unmännlich vorgekommen sein.

Doch eine schöne Regimentsgeschichte, bevorzugt Kasinoerinnerungen, mithin Festbeschreibungen, aber auch Schilderungen von Manöverfreuden und Kriegserlebnissen – so was mochte noch hingehen. Desgleichen Geschriebenes über die Wonnen der Jagd, die Freuden der Tafel, die Schönheiten von Kirchen, Burgen und Gutshäusern, auch noch Berichte über die Natur – alles das gerade noch akzeptabel. Aber Gedichte!

Noch Jahrhunderte nach dem Tod eines gewissen Simon Dach zögerten Chronisten nicht, Ostpreußens ersten großen Dichter nachdrücklich als »zart, sensibel und schwächlich« zu bezeichnen. Er wurde dann immerhin 64 Jahre alt, was wohl damals, in der ersten Hälfte des 17. Jahrhunderts, gar nicht wenig gewesen ist.

Dieser Simon Dach, 1605 in Memel geboren, 1669 in Königsberg gestorben, hatte Theologie, Dichtkunst und Musik studiert. Er wurde, mit fünfzig Jahren, Rektor der Albertina. Er hinterließ, genau, eintausenddreihundertundsechzig Gedichte – aber nicht, wie oft behauptet, Ostpreußens zärtlichste, geheime Nationalhymne, das Lied vom »Ännchen von Tharau«, jedoch den ergreifenden Sterbechoral: »Oh wie selig seid ihr doch, ihr Frommen!«

Dieser Simon Dach hatte, verdient, Glück gehabt. Human gesinnte Freunde umgaben ihn – vereinigt in der damals schon weltverbrüdernden Künstler-Gemeinschaft »Die Kürbislaube«. Dach bedichtete sie alle dankbar im »Lied der Freundschaft«. Und der für ihn zuständige Souverän, der Große Kurfürst, groß schon allein deshalb, schenkte dem frommen Gotteskinderpoeten ein Landgütchen bei Königsberg.

Der große Friedrich von Preußen erwies sich bei ähnlicher Gelegenheit als ungleich sparsamer, um nicht zu sagen: kleinlicher. Er schenkte einer Dichterin in seinem Bereich, einer Anna Louisa Karsch, ganze 15 Taler, was immerhin eine Art Anerkennung gewesen ist. Aber das einer Königsberger Dame, die bereits zu ihren Lebzeiten als »preußische Sappho« bezeichnet worden war! Eine ostpreußische Sappho mithin. Obgleich sie in Schlesien geboren war.

Die »Karschin«, wie sie genannt wurde, registrierte denn auch prompt dieses huldreiche Ereignis in einem Gedicht, das nichts an Deutlichkeit zu wünschen übrigließ. Sie schrieb lapidar:

> 15 Taler schickt der König.
> 15 Taler sind zu wenig.

In diesem »von Gott wunderlich übersehenen Preußen« vermochte aber der große Heinrich Schütz aus Dresden Zuflucht zu finden. Auch ein Martin Opitz setzte sich schutzsuchend aus dem näheren Danzig nach Ostpreußen ab – und war damit »so gut wie aus der Welt«. Sie alle konnten hier leben – vielleicht gerade noch so. »Sie retteten zumindest ihren Kopf« – aber eben den brauchten sie.

Wesentlich düsterer ist die Beschreibung von literarischen Existenzmöglichkeiten in diesem Land durch einen anderen ostpreußischen Dichter, schon in unserem Jahrhundert, ein ähnlicher Vorgang: durch Alfred Brust. Er war wochenlang ohne Heizmaterial geblieben, hatte sich durch seine Tage gehungert, verkannt und einsam dahinvegetierend, bis ihn dann doch, endlich, ein Honorar erreichte. Er berichtete darüber:

»Der Postbote klopfte in demselben Augenblick, als mein Söhnchen Wolf die Augen auf ewig schloß. Und der Sarg, den ich kaufte, kostete gerade die dreihundert Mark, die der Postbote mir gebracht hatte.«

Wieder ein anderer aus diesem dichten, wuchernden Waldgestrüpp der ostpreußischen Literatur, Hermann Sudermann, 1857 in Kreis Heydekrug geboren, kam aus sehr ärmlichen Verhältnissen. Dann galt er eine Zeitlang – nach seinem »Johannisfeuer« – als einziger ernsthafter dramatischer Gegenspieler von Gerhart Hauptmann. Er versank jedoch, nach unvorstellbaren Triumphen, bald wieder in völlige Einsamkeit – wenn auch als Besitzer eines Schlosses am märkischen Blankensee und einer Grunewald-Villa.

Ernst Wiechert, 1887 im Forsthaus Kleinort im Kreis Sensburg geboren, der hymnische Verkünder des »einfachen Lebens«, Masurens dunkelglänzender, dem webenden Geheimnis seines Landes nachspürender Erzähler, stieg gleichfalls auf wie ein Stern. Selbst ein Konzentrationslager vermochte ihn nicht zum Erlöschen zu bringen. Doch er starb dann, schwer leidend, sich beklagenswert verkannt fühlend, seiner geliebten Heimat unendlich fern, am Zürcher See.

Doch der wohl ungewöhnlichste aller Ostpreußen – auch er, unter anderem, ein Poet – hieß E. T. A. Hoffmann.

15. Kapitel

# Laß dir was von Hoffmann erzählen

Wie, wenn ein Genie erschiene und löste die Ketten, welche uns an unser erbärmliches Alltagsleben fesseln – was täten wir?

*E. T. A. Hoffmann*

Mit ihren Genies haben die Ostpreußen kaum jemals sonderlich viel anzufangen gewußt – es sei denn, sie wären wie Kant ruhige, solide und möglichst auch noch bescheidene Zeitgenossen gewesen. Aber das war wohl reichlich viel auf einmal verlangt.

So kam es denn, daß einige dieser ostpreußischen Genies – frühzeitig – ihr Land verließen oder auch verlassen mußten. Was aber spätere Generationen nicht daran hinderte, auf sie stolz zu sein. Ein möglichst ferner Tod ermöglichte auslegungsfähige Würdigungen.

So wurde etwa auch ein Johann Christoph Gottsched im Jahre 1700 in Juditten bei Königsberg geboren – gestorben jedoch ist er in Leipzig. Dort hochgeehrt und vielgefürchtet –, als der erklärte Literaturpapst seiner Zeit und der unangefochtene Begründer einer deutschen Theaterkultur; ansonsten weithin bekannter Professor der Logik und Metaphysik.

Der Grund, warum dieser Gottsched »sein« Ostpreußen verließ, wird zumeist von Heimathymnikern taktvoll verschwiegen – Johann Christoph verstieß nämlich, ziemlich kräftig, gegen die damaligen landläufigen Ehrbegriffe seiner wackeren Mitbürger. Denn Gottsched floh 1724 vorsorglich vor den Werbern des Soldatenkönigs. Doch was hätten die wohl mit ihm anfangen können?

Auch ein Johann Gottfried Herder verließ sein Land frühzeitig – bereits 1764, als er gerade zwanzig Jahre alt geworden war. Der 1744 in Mohrungen geborene Herder starb 1803 in Weimar. Aber er kam aus der Kantschen Schule – der hatte ihn unentgeltlich an seinen Vorlesungen teilnehmen lassen. Und etliche Jahre später beeinflußte dann dieser Herder nicht nur Goethe, er entwickelte auch eine damals überaus moderne, weitzeugende Theorie des geschichtlichen Denkens – der es dann allerdings bis in unsere jüngste Vergangenheit hinein nicht erspart geblieben ist, oft kräftig mißverstanden zu werden. Und so ganz schuldlos daran ist Herder wirklich nicht gewesen.

Dieser Herder lehnte den späteren Kant schroff ab. Dessen Untersuchungen nannte er »öde Wüsten voll leerer Hirngeburten und im anmaßendsten Wortwechsel«. Und weiter meinte er, wieder auf Kant gezielt: »Erst mit dem Sprechen entsteht Vernunft.« Er lenkte die allgemeine Aufmerksamkeit auf das Urwüchsige, auf unverlorene typische Sitten und Bräuche – auf das Südslawische. Das, was heute noch »Slawistik« genannt wird, ist ohne ihn kaum denkbar.

So mochte man denn auch einen Herder noch hinnehmen – Menschen wie er beunruhigten nur einige wenige, galten daher im Grunde als brave, noble Leute. Wesentlich anders ist da schon der Fall eines Mannes, der E. T. A. Hoffmann hieß.

Diese, einigen selbst heute noch ziemlich fragwürdig erscheinende Gestalt war gleichfalls in Königsberg, 1776, geboren worden.

Und dieser überaus seltsame Mensch mußte – ganz zwangsläufig – etliche ostpreußische Gemüter zutiefst erregen. Damals zumindest. Heutzutage jedoch sind fast alle Landsleute bereit, selbst diesen Hoffmann den ganz Großen ihrer Heimat zuzuzählen.

Als E. T. A. Hoffmann geboren wurde, war Kant bereits 52 Jahre alt, Goethe 27, Mozart 20. Hoffmann hatte die Vornamen Ernst Theodor Wilhelm erhalten – Wilhelm verwandelte er dann später in Amadeus, aus Liebe zu Mozart. Gerufen wurde er Ernst.

Allein schon die reichlich vielfältige Mischung seiner Vorfahren darf für ihn als bezeichnend gelten – und für Ostpreußen übrigens auch, was jedoch nicht viele bei uns wahrhaben wollen. Hoffmanns Vater: ein strenger preußischer Jurist. Unter seinen sonstigen Ahnen aber: ostdeutsche, polnische und sogar ungarische Elemente. Eine, wie man wohl zugeben muß, außerordentlich vielversprechende genetische Kombination.

Hoffmann, E. T. A., wurde zunnächst Jurist wie sein Vater, scheint da aber keinen sonderlichen Ehrgeiz entwickelt zu haben. Er betätigte sich in Posen, wurde sodann in die tiefste Provinz strafversetzt, landete schließlich in Warschau. Und hier heiratete er, zu allem Überfluß, eine Polin – ein stilles, zurückhaltendes, ungemein verständnisvolles Wesen; sie vermochte sogar einen Hoffmann zu verstehen, ihn zumindest geduldig zu ertragen.

Diesem irrlichthaften Hoffmann blieb es nicht erspart, auch seinen klarkonturigen Landsmann Kant etwas näher kennenzulernen. Und das mit nahezu unvermeidlicher Verwirrung.

Und er sagte zu seinem bevorzugten Zechgenossen, dem Schauspieler Devrient: »Weiß Gott, ich beherrsche ja immerhin vier Fremdsprachen – Lateinisch, Französisch, Englisch und Polnisch. Eine fünfte wollte ich nicht mehr erlernen.«

Er gedachte nichts, wie sein Leben zu leben – nicht einmal ein Kant sollte ihn daran hindern. Dennoch eine typisch ostpreußische Begegnung: hier ein phantasievoller Dickschädel, dort ein hartnäkkiger Philosoph.

Doch dieser völlig unberechenbare Mensch »sattelte um«, wie man in Ostpreußen sagte; er zog zunächst nach Bamberg, später nach Dresden und Leipzig, wurde Kapellmeister, Bühnenbildner, Dramaturg, Zeichner und Komponist. Und wie nebenbei begründete dieser Hoffmann auch noch das, was heute Musikkritik genannt wird. Das geschah mit enormem fachlichen Wissen, mit leidenschaftlicher Liebe und mit scharfsinnigem Engagement; er trat für Mozart, Schumann und Weber ein; in Besonderheit für Beethoven.

E. T. A. Hoffmann wurde, damals schon und auch später, etwa von Ricarda Huch, »eine der schönsten Blüten der deutschen Romantik« genannt. Und doch begann sich erst sein wesentlichstes, weitzeugendstes Talent Bahn zu brechen: denn dieser E. T. A. Hoffmann ist ein Dichter von hohem Rang gewesen – was er schrieb, gehört der Weltliteratur an. Sie beeinflußte, weit über seine Zeit hinaus, nicht nur Schriftsteller wie Hugo, Tschechow, Gogol und Poe, auch Maler, Musiker und Kulturphilosophen bis mitten in unsere Tage hinein.

Goethe mochte ihn nicht – wie der ja auch Kleist und Hölderlin nicht gemocht hatte. Goethe bezeichnete Hoffmanns Dichtungen als »Verwirrungen« und sprach von »krankhaften Werken«. Aber Clemens Brentano erglühte für ihn. Puschkin, Dostojewskij und Andersen bezeugten ihre Verehrung. Und ein Balzac nannte ihn begeistert: »Notre grand Hoffmann.«

Diesen unseren »Grand Hoffmann« bezeichneten die einen als eine Art »Gnom«, andere wieder nannten ihn »zierlich«. Sein Blick wurde einmal als »boshaft« geschildert, dann wieder als »gütig« – Urteile, in denen sich die Beurteilenden widerspiegeln, nicht aber überzeugend ihr Objekt. Hoffmann wurde denn auch für »lauernd schweigsam« gehalten wie als »hinreißender Gesellschafter« bezeichnet – dies von denen, die den Vorzug genossen hatten, mit ihm zu zechen.

Dieser Hoffmann trank gern, viel und stets mit großer Ausdauer – auch hierin ein nicht untypischer Ostpreuße. Bis er dann, gelähmt, dahinstarb. Aber das nicht, ohne sich vorher noch einmal als Jurist betätigt zu haben, als Kammergerichtsrat in Berlin. Dort sprach er, im Fall des Turnvaters Jahn, ein Urteil aus, das auf die Interessen seines Königs keine Rücksicht nahm – worauf Hoffmann nicht nur seine Stellung verlor, sondern auch seine Existenz gefährdete.

Das alles hatte er kommen sehen, doch er konnte nicht anders. Ostpreußen sind nun mal so. Dickköpfe! Und darauf stolz.

Von ihm behauptete ein exzellenter Kenner des Ostpreußischen, der Schlesier Gunter Groll, Lektor des älteren Ernst Wiechert, Herausgeber der wohl sorgsamsten Ausgabe von E. T. A. Hoffmanns gesammelten Werken: »Er gab sich nicht genial. Er war es. Es war ihm so selbstverständlich, daß er's nie wahrgenommen hat.«

Von den Menschen, die dieses Land jemals hervorgebracht hat, ist dieser E. T. A. Hoffmann unbezweifelbar einer der Größten gewesen – vielleicht sogar: Ostpreußens betörend schönstes geistiges Sternbild.

Doch nicht allen Ostpreußen leuchtet das ein.

16. Kapitel

# Bäume wachsen in den Himmel

Es gibt ein Land, da das Schweigen Sprache ist.
*Hansgeorg Buchholtz*

...ein großer Raum, eine unendliche Weite und doch in sich verschlossen.
*Charlotte Keyser*

Ein bei Dichtern sehr selten anzutreffendes Geständnis ist oft in der ostpreußischen Literatur anzutreffen. Dies: das kann man nicht beschreiben! Und wohl auch nicht zuletzt deshalb wollten denn auch die allereinfachsten Wortgebilde als kraftvoll zutreffend erscheinen – etwa: groß, weit, still!

Und immer wieder auch ein fast stammelndes: »Der Blick verliert sich.«

Das galt für ganz Ostpreußen. Es war ein dünnbesiedeltes Land. Die wenigen Menschen, die sich darin bewegten, ließen seine Landschaft noch einsamer erscheinen, als sie an sich schon gewesen ist. Wozu noch kam, daß sich die Menschen dort nur bewegten, wenn das unbedingt notwendig war – eine Fahrt in die Kreisstadt zum Beispiel konnte für Dorfbewohner zu einer kleinen Weltreise ausarten, aber mit einem »Fest der glücklichen Heimkehr« enden.

Es gab gähnend leere Landstraßen, einsame Höfe, die in Wintermonaten kein Fremder betrat; und Wälder, in denen wir Knaben uns stundenlang tummeln konnten, ohne einem menschlichen Wesen zu begegnen, aber mancherlei Getier, das bereit schien, sich als Spielgefährte anzubieten. Einer meiner Jugendfreunde behauptete sogar, auf einem Rehbock geritten zu sein – noch heute will ich ihm das gerne glauben.

In diesen Wäldern verbargen sich im letzten Krieg – von abseits wohnenden Bauern stillschweigend verpflegt – die seltsam unterschiedlichsten »Flüchtlinge«. Unter ihnen den Transportzügen entsprungene KZ-Häftlinge, mindestens ein steckbrieflich gesuchter katholischer Geistlicher, russische Kriegsgefangene in Rudeln, fast ein halbes Dutzend Männer des 20. Juli – und dann sogar, kurz vor Toresschluß, diverse sich verbergende Nazis; unter ihnen der letzte Beamte des staatlich sanktionierten Todes, der Henker von Königsberg.

Sie alle durften hier leben, solange es nicht den jeweils Mächtigen gelang, nach ihnen zu greifen – dann allerdings rührte kaum mehr einer für sie auch nur den kleinen Finger. Denn Gesetz war Gesetz! Man konnte es anzweifeln, es zu umgehen versuchen, bemüht sein, nicht daran zu denken – doch sobald es in Funktion trat, wurde es auch respektiert. Das jedoch war in diesen weiten Wäldern nicht sehr oft zu befürchten; wer in ihnen Schutz suchte, begab sich in einen Bereich, der Gott weit näher war als dem jeweiligen Staatsgebilde.

Die Ostpreußen konnten den Gegebenheiten der Natur nicht ausweichen – sie hatten ganz einfach gar keine andere Wahl. Daran gewöhnten sie sich denn auch; und schließlich taten sie das sogar gern. Sie lebten mit Tieren und Bäumen fast so wie mit Menschen.

Ein Bauer, der sich mit seinem Pferd unterhielt, war eine als selbstverständlich hingenommene Erscheinung. Kühe schienen besonders aufmerksame Zuhörer zu sein. Und Hunde gehörten zur Familie.

Den Lebensrhythmus aller dieser harmonisierenden Geschöpfe Gottes bestimmte das Klima. Die Winter waren ungleich härter als anderswo in Deutschland, die Übergangszeiten länger, die Sommer kürzer. Doch es sind Sommer voller Glut und brütender Stille gewesen – und in den Nächten blieb die duftende Erde warm wie frisches Brot. So manche dieser herrlichen Sommernächte verschliefen wir im Wald oder im Garten oder zwischen Kühen auf den Wiesen.

Die Erde war weich, fast wie federnd – einem schweren, dichten

Teppich vergleichbar. Fette, fruchtbare Äcker; samtartige, saftige Wiesen; deckenweiche Moore – nirgendwo hartes Gestein. Lediglich vor unserer Ostseeküste standen ein paar Urfelsen – wie Gäste, die sich von Skandinavien aus zu uns verirrt hatten.

Die Bäume unseres Landes waren Kiefern und wieder Kiefern, dann Birken, Tannen, Buchen, Eichen; aber auch Weiden, die sich um die Flüsse drängten. Der Hausbaum Ostpreußens jedoch war die Linde – sie stand vor den Türen des Hauses, an den Toren der Bauerngehöfte, an Straßen und auf Plätzen. »Einen Baum fällen, ist wie über ein Leben entscheiden«, hieß es bei uns.

Hinzu kamen Seen, auf denen sich schwimmende Inseln befanden – eine Märchenwelt aus Moos und Schilf. Sogar Bäume standen darauf – im Schwarzensee stand eine zehn Meter hohe Birke. Und die Weidenbüsche. »Kähne Gottes« wurden diese wundersam malerisch dahintreibenden Gebilde genannt.

Auch sind die großen, weiten Wälder Ostpreußens nicht etwa düster und drohend gewesen, wie man vielleicht meinen möchte, sondern vielmehr wie leuchtend – in lichtem Grün, im schimmernden Blau. »Zauberwälder« – und dennoch voller Geborgenheit. »Ein einziges, riesiges Gotteshaus.«

Kein Wunder daher, wenn ein alter Universitätsprofessor namens Hasse ziemlich ernsthaft – sozusagen als Mann der Wissenschaft – zu behaupten wagte: in Ostpreußen müsse das Paradies gelegen haben. Eine Behauptung, die zumindest von unseren Landsleuten bereitwillig unwidersprochen blieb.

Denn wenigstens darin waren sich die Ostpreußen nahezu einig: dies ist ein gottgesegnetes Land. – Vom leuchtenden Samlandstrand bis zu den dunkelglühenden Wäldern Masurens, von der stillen Lieblichkeit des Oberlandes bis zur friedlich funkelnden Johannisburger Heide – ein Land voller Geheimnisse, doch ohne drükkende, niederziehende, quälende Schwermut, die ihm gelegentlich gern angedichtet worden ist.

Mitten darin auch: Trakehnen, das »Heiligtum der Pferde«, wie es Binding ergriffen genannt hat. Oder aber: der Guja-See eines Walter von Sanden, den die silberweißen, singenden Schwäne entzückten. Und auch, nördlich: der Bernsteinstrand an der Ostsee; und die Flottillen der malerisch buntbewimpelten Fischerboote, die von der Kurischen Nehrung aus am Rande der Ostsee entlangschaukelten.

Trakehnen, das ostpreußischste aller Gestüte, mutet heute bereits wie eine Sage an. Das durchaus berechtigt. Denn irgendwie damit Vergleichbares hat es wohl noch niemals in der Geschichte der Pferde gegeben.

Die Pferde Ostpreußens sind schon immer weithin berühmt gewesen. Es gab zahlreiche »preußische Vollblutzuchten« überall im Land. Allein die »Insterburger Herbstturniere« zogen wie magisch Hunderte leidenschaftlicher Pferdefreunde an. Etliche andere ähnliche Veranstaltungen gleichermaßen – ob nun in Allenstein, Rastenburg oder Lyck. »Europas größter Pferdemarkt« fand in Wehlau statt. Pferde gehörten hier untrennbar zur Landschaft.

Trakehnen jedoch, das weit über zehntausend Morgen Weideland besaß, war der erklärte Mittelpunkt für Pferdezucht schlechthin, zumindest das »größte deutsche Gestüt« weit und breit und wohl auch aller Zeiten. An die siebzig, zumeist dunkelbraune Stuten standen allein im Vorwerk Bajohrgallen; in Jonasthal gab es Fuchsstuten in ähnlicher Menge; in Gurdszen an die achtzig Rappenstuten; in Kalpakin, einem anderen Vorwerk von Trakehnen, etwa fünfundsechzig hellbraune Stuten. Und das war noch lange nicht alles.

Dazu kamen jeweils auf einen Stall vier oder fünf kennerisch ausgesuchte Deckhengste – englische Vollblüter darunter, aber auch Araber; mit Namen wie »Perfektionist«, »Ibykus« und »Austria«, aber auch »Heimatsang«. Alles das allein in den hier gewiß als golden zu bezeichnenden Zwanzigerjahren. Zu den alljährlichen »Trakehner Renntagen« strömten Kenner und Käufer aus allen Teilen der Welt herbei. Bahnstation war Gumbinnen.

Binding, der reitende Dichter, pries denn auch dieses Trakehnen als eine Landschaft »wie diesen Tieren geweiht«. Und: »Wer dort nicht auf einem Pferd gesessen hat, der hat nicht gelebt!« Das sollte ihm gerne geglaubt werden. Die weite Ebene und ein wie endloser

Himmel – und darin ungemein edle Tiere, schönste Geschenke in herrlicher Natur.

Der Bernstein – »ein lichtes Urharz« – war warm wie eine Frauenhand. Er verströmte einen zarten, würzigen Duft. Und wer es an die Lippen nahm, konnte einen herben, fast bitteren Geschmack verspüren. Dichter des Landes meinten, durchaus poetisch, Bernstein sei ihnen »lieber als glänzendes Gold und kalter Edelstein«.

Bernstein war der Lieblingsschmuck der ostpreußischen Frauen – eine Brosche daraus besaß fast jede. Wohl existierten ein regelrechtes Bergwerk in Palmnicken und kunstreiche Produktionsstätten für erlesen schöne Schmuckgegenstände in Königsberg. Dennoch aber war dieser Bernstein kein sorgfältig gehütetes Monopol – vielmehr konnte es jedermann ohne sonderliche Mühe und ohne die geringste finanzielle Investierung in Besitz nehmen. Es lag herum.

Bernstein-Suchen gehörte zu den Ferienfreuden an der Samlandküste. Bernstein-Finden war fast immer der sichere Lohn dafür. Einer meiner Freunde kam mit zwei prallgefüllten Hosentaschen nach Hause – es war die Ausbeute eines einzigen Morgens, nach stürmischer Nacht, in der Nähe des Leuchtturms von Brüsterort.

Und allein über die Schönheiten der »Kurischen Nehrung« – eines schmalen Landstrichs zwischen Haff und Meer, mit den Ortschaften Rossitten, Pillkoppen, Nidden und Schwarzort – ließen sich Bände schreiben; noch weit mehr, als bereits schon erschienen sind. »Man muß sie gesehen haben«, behauptete kein Geringerer als Wilhelm von Humboldt. Man müsse diesen Zauber der Natur erlebt haben, wie etwa die Landschaften Spaniens und Italiens, »wenn nicht ein wunderbares Bild in der Seele fehlen soll«.

Dort, auf jener schmalen, langen Landzunge, die hinter Cranz begann und die eigentlich mehr dem Stoßzahn eines Elefanten glich, dort war alles »malerisch« – und dort ist denn auch entsprechend viel gemalt worden: die bizarren Krüppelkiefern, die standfesten, bescheidenen Birken und dazu die urwelthaften Hochdünen – die wandernden Wüsten des Paradieses. Auch Thomas Mann, als er in Nidden war, geriet bei diesem Anblick in lang anhaltende Begeisterung. Dort eins der zahlreichen Naturwunder von Ostpreußen: die Elche. Riesige, majestätische Tiere, deren Anblick den Betrachter verstummen ließ. Dazu bot sich ihm fast mühelos Gelegenheit – denn diese Elche standen unter Naturschutz; und es war, als wüßten sie das.

Man traf sie einzeln oder in Paaren an – seltener in Rudeln. Doch nicht wenige Wanderer haben ein Dutzend und mehr von ihnen zusammen gesehen, und ein Fischer will sogar, sage und schreibe, einundachtzig gezählt haben. Um einen Leitelch herumgruppiert. »Es ist wie eine Versammlung gewesen«, versicherte dieser Augenzeuge.

Das kann, muß aber nicht ganz stimmen. Ein gewisser dichterischer Hang zur stimmungsvollen Übertreibung gehörte nun mal zum ostpreußischen Menschen. Das in Besonderheit, wenn es um Wölfe ging. Die hat es tatsächlich, noch in unserem Jahrhundert, gegeben. Sie hatten sich, zumeist vereinzelt, aus den polnischen Wäldern kommend, bis nach Masuren hindurchgehungert. In strengen Winternächten war ihr heiseres Geheul zu hören; und wir Knaben vernahmen es erschauernd und ahmten es dann nach. Vielleicht trug das dazu bei, Mutmaßungen über Wölfe in unserem Land zu verstärken.

Zwei dieser Tiere habe ich selbst gesehen – einen als schnellen Schatten auf fahlblauem Schnee; einen anderen tot und steif, mit zottigem, graudreckigem Pelz und rosigem Maul. Aber wer sich als wirklicher Ostpreuße fühlen wollte, der mußte Wölfe gesehen haben! Die gehörten nun mal zu unserem Land wie Delphine zu griechischen Inseln. Und so konnte das gelegentlich zu den herrlichsten Erlebnissen führen.

»Wölfe in unvorstellbarer Menge habe ich erblickt«, behauptete ein Waldhüter. »So an die neunundneunzig werden es gewesen sein.«

»Warum denn«, wurde er mißtrauisch gefragt, »sagst du nicht gleich hundert?«

»Es waren ja hundert«, versicherte der. »Aber das wollte ich nicht sagen – dann hättet ihr vielleicht gedacht, ich schneide auf.«

17. Kapitel

# Weitere heroische Zeiten

Dies ist heiliger Boden, behauptete ein Lehrer. Er ist mit Blut gedüngt.
Wo denn? fragte einer von uns.
Man sieht nichts mehr davon, war die Antwort, aber es ist so!

Drum läßt euch gar nicht blenden von solcher Gloria!
Merk ab, bis sich wird enden die ganz' Historia.

*Michael Pogorzelski*

Dieser Michael Pogorzelski ist erst eigenwilliger Schulmeister, dann herausfordernder Pfarrer in diesem Land gewesen. Seine bemerkenswerte Laufbahn begann in Ortelsburg; später betreute er die Gemeinde Kallinowen. Gegen Ende des 18. Jahrhunderts starb er.

Das jedoch nicht, ohne seine Landsleute beharrlich herausgefordert zu haben. Von ihm wurde gesagt: er versuche die urheidnischen Elemente dieses Landes mit exemplarischen christlichen Erkenntnissen zu vereinigen, was zwangsläufig zu einer überaus kuriosen geistigen Katastrophe führen mußte.

Dieser Pogorzelski reimte sich unbeirrt seine Welt zusammen: Nach ihm rennt jedes Menschenleben »in kurzem... bergunter«. Und wohl dem, wenn derjenige, dem der »Tod winkt«, hat »gut Geruch bei Leuten – und nicht wie Wanzker stinkt«. Und seine »Osterpredigt vor der Auferstehung« war einfach umwerfend. Der gute Pogorzelski versuchte immer wieder, vor dem falschen Glanz im irdischen Jammertal zu warnen – denn der sei wie Schnaps, den man nicht zur Gesundheit trinkt, sondern um sich stinkbesoffen zu machen. Er durchschaute seine lieben Landsleute – wenn es um »Gloria und Historia« ging, kannten die keinerlei Hemmungen.

Die denkbar beste aller Welten war für sie allein ihr Ostpreußen.

Ostpreußen wurde denn auch gern – eben von seinen bewußten Bewohnern – als »geschichtsträchtiges Land« bezeichnet. Das sicherlich in gutem Glauben und einem vermutlich frommen Wunsche entsprechend. Doch so ganz stimmte das nicht.

Denn die fünf- oder sechshundert dahinfließenden Jahre zwischen den Kämpfen des Deutschen Ritterordens und den Schlachten des Ersten und Zweiten Weltkrieges verliefen in Ostpreußen vergleichsweise friedlich. Dieses Land besaß den unschätzbaren Vorteil, nicht im Zentrum der damaligen Weltpolitik zu liegen. Das mögen Historiker bedauern – was sie denn auch taten –, doch für gewöhnliche Bürger wurde dadurch eine gewisse Ruhe garantiert.

Die einstigen, in ferner Vorzeit geführten Kämpfe des Deutschen Ritterordens mit den rastlos-renitenten Polen mögen sehr heroisch verlaufen sein – wie das beide Seiten auch heute noch beharrlich nachzuweisen versuchen. Doch die betroffenen Bürger entpuppten sich als wesentlich friedfertigere Elemente. Zahlreiche der damals ostpreußisch gewordenen Städte hatten nicht gezögert, ihre Tore einem Polenkönig zu öffnen, und das äußerst voreilig, wie betont abendländische Chronisten erbittert vermerken zu müssen glaubten. Denn es seien in jenen Tagen »weder Schild noch Speer zugegen« gewesen.

Auch der nahezu ganz Europa bedrohende Dreißigjährige Krieg flutete, glücklicherweise, an Ostpreußen vorüber. Von Schwedens König Gustav Adolf wird berichtet, daß er niemals eine Karte von Ostpreußen besessen habe. Sein Gegenspieler Wallenstein soll nicht einmal gewußt haben, daß es dieses Land überhaupt gab. Wozu wir uns nur gratulieren konnten.

Zwar wurden in Königsberg 1626 riesige Wälle erbaut – doch der erwartete und gefürchtete Feind kam nicht. Diese Wälle wurden dann im 19. Jahrhundert noch erweitert, durch Gräben und Forts verstärkt – ohne jedoch jemals, Gott sei Dank, irgendeinen praktischen Wert zu erhalten. Später entstanden daraus prächtige Spielplätze für Kinder und herrliche Grünanlagen, in denen sich werdende Erwachsene paarweise tummelten. Eines der verdienstvollsten Königsberger Stadtoberhäupter, der später nazifeindliche Dr. Lohmayer, sorgte für naturhafte Harmonie – und das mit wahrhaft ostpreußischer Hartnäckigkeit. Er ist der letzte gewesen, der noch wußte, daß die Landschaft und die Menschen eins sein müssen, wenn sie glücklich sein wollen.

Die Pest wütete 1709 im Nordosten des Landes. Menschen starben wie Fliegen. Doch der preußische König wußte Rat; er siedelte dort alsbald an die fünfzehntausend Salzburger an. Eine Blutzufuhr, die auf die ostpreußische Bevölkerung bedeutsamen Einfluß nehmen sollte.

Der damalige König von Berlin, der oft leichtfertig nur als der »Soldatenkönig« abgetan wurde, leistete in dieser Hinsicht Erstaunliches. In meinem Preußen, so suggerierte dieser seltsam eigenwillige Monarch, ist für alle Platz, die ihn suchen – oder die eben gar keine andere Wahl hatten, als seine Untertanen zu werden. Er hieß sie von Herzen willkommen, wenn sie nur versicherten, ihm gehorchen zu wollen – einige Freiheiten gestand er ihnen dafür zu; so brauchten sie nur an ihn zu glauben; an wen sie sonst noch glauben wollten, war dann ihre Angelegenheit.

Darauf allein jedoch verließ er sich nicht. Er gründete Garnisonen. Königsberg wurde eine Soldatenstadt. Dort wurden »die Kronprinzer« und nur wenig später auch »die Wrangel-Kürassiere« stationiert. Ihre Regimenter bestanden mehr als zweihundert Jahre. Und das ist in Militärgeschichten aller Zeiten und Länder kaum noch einmal anzutreffen.

Allerdings hinterließ auch ein Napoleon auf seinem Zug nach Moskau und dann auf dem Rückzug seine Spuren in diesem Land. Im Mai 1807 ließ er hier Feldlager errichten. Doch knapp vier Wochen später wurden sie wieder verlassen, ohne daß sie richtig fertig geworden waren. Für eins dieser Lager mußten zwölf Dörfer geschleift werden – Bauerngehöfte und Gasthäuser wurden ausgeräumt. Die Bäcker einer einzigen Stadt lieferten täglich an die acht- bis zehntausend Portionen Brot. Gegen Bezahlung. Das war damals noch üblich.

In diesem abseitigen, sogar dem Zugriff eines Königs nicht unmittelbar ausgelieferten Ostpreußen versammelten sich dann auch alle jene, die gegen Napoleon zum berühmten Befreiungskrieg aufriefen. Stein ebenso wie Scharnhorst, dazu Gneisenau, »der Bauernlümmel«; auch Arndt und Fichte. Doch mehr als vorübergehende Gäste sind sie in diesem Land nicht gewesen – auch die dekorative Königin Luise nicht, die speziell in Tilsit bitter geweint und in einem Goethevers verkündet hatte, ihr Brot mit Tränen gegessen und kummervolle Nächte verbracht zu haben. Sie wurde in Ostpreußen stets hoch verehrt.

Die sich aus Rußland zurückschleppenden napoleonischen Truppen aber wurden – den zeitgenössischen Berichten entsprechend – an einigen Orten patriotisch erschlagen, an anderen großmütig verpflegt. In einem See des Landes versenkten Bauern »erschlagene Marodeure« – er wurde, hundert und mehr Jahre später, »der Franzosensee« genannt. Aber ein damaliger Kriegsteilnehmer auf seiten Napoleons, ein Mann namens Coignet, behauptete schlicht: in Ostpreußen habe er, im Gegensatz zu Polen, verständnisvolle »Menschen« angetroffen. Es kam eben, wie immer, darauf an, an wen sie gerade gerieten. Auch in dieser Hinsicht vermied es Ostpreußen, ein Einheitsgesicht zu zeigen.

Gelegentlich führten sie dort frühzeitige Wildwestfilme auf – so etwa um 1800 im Raum zwischen Locken und Osterode. Dort trieben in den dichten Wäldern Räuber und Wegelagerer ihr Unwesen, überfielen Bauernhöfe und Fuhrwerke, um sie auszuplündern – sie wurden »die Machulske« genannt. Das jedoch nicht allzu lange; denn »etwa dreißig bis vierzig berittene Männer taten sich zusammen« – und rotteten sie aus.

Auch das war »Geschichte«, unsere Geschichte – und das vermochte unsere kindliche Phantasie weit mehr zu entzünden als irgendein ferner Krieg oder die Wunschträume eines glücklicherweise ebenfalls recht fernen preußischen Königs. Am liebsten beschäftigten wir uns mit unseren eigenen Angelegenheiten. Dazu gehörte aber alles, was sich in dieser Hinsicht irgendwie anbot. So stieß ein Bauer, bereits in unseren Tagen, auf »ein vorgeschichtliches Urnenfeld«, wobei er dann mindestens zehn dieser Urnen zerstörte. Ein anderer fand, bei Dröbnitz, eine Moorleiche; wieder ein anderer ein Steinkistengrab. Die zahlreichen Museen für Heimatkunde füllten sich – und wer irgendwie davon Notiz nahm, sagte dann auch prompt: »unsere« Urnen, »unsere« Moorleiche, »unser« Steingrab. Denn kleinlich sind wir niemals gewesen – was wir vereinnahmen konnten, das vereinnahmten wir auch.

Unsere Ostpreußen sind auch zumeist gute Untertanen gewesen, doch keine ausgesprochen leidenschaftlichen Parteigänger; sie durften als verläßliche Patrioten gelten, jedoch nicht als glühende Nationalisten – ihr nie erlahmendes Bedürfnis nach Ruhe, Ordnung und Sauberkeit war viel zu ausgeprägt. Daher auch weiter kein Wunder, daß das fordernde, auflodernde deutsche Revolutionsjahr 1848 nahezu spurlos an diesem Land vorübergegangen ist.

Allerdings hatten sich auch in jener Zeit unsere Ostpreußen, allen voran die Königsberger, mächtig erschüttert gefühlt. Aber das neun Jahre vor den »revolutionären Umtrieben im Reich« – 1839. Damals ereignete sich das, was kein Chronist des Landes übergangen und jeder »eine riesige Katastrophe« genannt hat: der große Königsberger Speicherbrand!

Der Wind, so hieß es übereinstimmend, habe denkbar ungünstig gestanden. Glühend heiße Sommerwochen seien vorausgegangen; sie hätten das Gebälk ausgetrocknet. Und dann sei, ganz plötzlich, das in Flammen aufgegangen, was der besondere Stolz von Königsberg gewesen war: malerische Fachwerkbauten, von einzigartig dekorativer Schönheit, in denen Getreide lagerte, Hülsenfrüchte und auch, tausendtonnenweise, Heringe.

Diese Speicher wurden später wiederaufgebaut – in alter Pracht. Auch wir Knaben noch durften sie in unserer Jugend bewundern, vermochten das aber nicht mehr in völlig ungetrübter Begeisterung zu tun. Denn bei jenem großen Brand hatte sich etwas höchst Merkwürdiges ereignet: in den Flammen der Vernichtung war der Pöbel zum Vorschein gekommen.

Voll ehrlichem Entsetzen berichteten Zeitgenossen: die »Heringsbrake« wäre in wüstester Weise geplündert worden. Während noch die Flammen züngelten und ringsherum die Trümmer rauchten, hatten sich Horden zusammengerottet, »völlig entmenschte Wesen«, hatten sich auf die Beute gestürzt, Ordnungshüter abgedrängt, sie sogar zertrampelt und sich die begehrten »Häringe« ins Hemd gesteckt, in die Hosen, an die Brust gepreßt, sie zerdrückt.

»Ein überaus entsetzlicher Gestank machte sich breit!«

Dieses Ostpreußen ist eben kein Land des Überflusses gewesen, und nicht wenige seiner Bürger lebten »von der Hand in den Mund«. Doch das schienen die meisten als gottgegeben zu empfinden – aber jede sich anbietende Möglichkeit, sich diesen Mund einmal vollzustopfen, auch. Nicht zuletzt daher wohl die stets freudige, fast gierige Bereitschaft der Ostpreußen zu genießen, was irgendwie erreichbar war – so viel, so fett und so konzentriert wie nur irgend möglich.

Zeiten der Not wurden daher intensiv durchlitten und deshalb auch so leicht nicht wieder vergessen – etwa die große Hungersnot des Jahres 1867. Hierüber existieren nicht nur zahlreiche, sorgfältig gesammelte Dokumente, auch der erschütternde Bericht eines Dichters, der Hermann Sudermanns. Der schilderte seine Erlebnisse als Zehnjähriger – ohne jede Klage oder Anklage, wie es sich ja auch für einen gewachsenen Ostpreußen gehörte. »In jenem Sommer«, erzählte er, habe es »keine Sonne« gegeben.

»Von Juni an«, schrieb Sudermann weiter, »nichts wie sickernder, suppender, trommelnder Regen.« Wiesen waren wie Sümpfe, die Halme lagen am Boden, die Kartoffeln verfaulten. »Das hieß hungern, und unter Umständen hieß es verhungern.«

Das war der wahre, der allein gefürchtete Gegner dieser Menschen – die Unbarmherzigkeit der Natur. Damit hatten sie fertig zu werden. Nach anderen Arten der Bewährung konnte es die einfachen Menschen dieses Landes gar nicht gelüsten.

Doch sie blieben ihnen nicht erspart. Abermals brachen in Deutschland heroische Zeiten an – und diesmal verschonten sie Ostpreußen und seine Menschen nicht. Der Erste Weltkrieg zeichnete sie schwer – und der Zweite löschte sie dann aus.

18. Kapitel

# Retter des Landes

> Das Leben froh genießen
> ist der Vernunft Gebot,
> man lebt ja nur so kurze Zeit
> und ist so lange tot.
>
> *Wandspruch im Arbeitszimmer eines ostpreußischen Gutsbesitzers*

Die heroischen Toten Ostpreußens waren bis 1914 dünn gesät. Sogenannte Heldengräber besaßen bis dahin Seltenheitswert, den Gedenkstein für den von Jungingen, den Hochmeister des Deutschen Ritterordens, in Tannenberg ausgenommen.

Die Tatarengemetzel im 17. Jahrhundert hatten auch Ostpreußen nicht völlig verschont, doch keinerlei sichtbare Spuren hinterlassen. Zwar wurde damals so mancher unserer Landsleute verschleppt – bis hin nach Konstantinopel. Und die Chroniken berichteten: eine Gräfin Lehndorff konnte von ihrem Mann nicht ausgelöst werden. Worauf dann einige prompt meinten: der wollte vermutlich gar nicht. Doch wird glaubhaft bezeugt, daß der Graf inzwischen völlig verarmt war – so kommt es denn, daß der Gräfin Grabstein im Lande nicht errichtet werden konnte.

Auch andere ostpreußische Gräber lagen weit von der Heimat entfernt – etwa in Frankreich, nach dem Krieg 1870/71. Doch unübersehbare Gedenktafeln in und an allen Kirchen des Landes wiesen darauf hin. Und nicht wenige Städte und Dörfer glaubten schon damals, nicht ohne ein zentral gelegenes »Ehrenmal für unsere Gefallenen« auskommen zu können – eine Anlage, die sich dann später als beklagenswert ausbaufähig erweisen sollte.

Jedenfalls behauptete jedermann, stolz auf diese Toten zu sein –

»stolz«, das in allererster Linie. Warum das so war, begründete niemand näher. Es war so.

Der Gedenkstein für den erschlagenen Ordensmeister jedoch – in erster Linie Spielplatz für Knaben. Die Ehrenmale inmitten der Dörfer – beliebte Treffpunkte für Kinder und Hunde. Die Gedenktafeln in den Kirchen – eine Art feierlich gedachte Dekoration, zumindest bis 1914.

Damals jedoch, in meiner reichlich ahnungslosen und daher unbeschwert glücklichen Jugend, in den für mich heute noch golden erscheinenden zwanziger Jahren, war das Land um uns bereits schwer gezeichnet gewesen – durch die Ereignisse des Ersten Weltkrieges. Heldengräber überall! Neben den Straßen, bei den Seen, auf den Hügeln. Sie störten jedoch niemand sonderlich. Und wenn sie gelegentlich einmal betrachtet wurden, dann nicht ohne eine gewisse Andacht und mit einer fast schon zufriedenen Anerkennung – daß wir hier leben konnten, sagten wir uns, weil man das uns so gesagt hatte, das war nicht zuletzt ihr Verdienst.

Und wie das nun in dieser Weltgeschichte ist – der Toten Ruhm wurde von den Überlebenden einkassiert. Mit Haltung, versteht sich. Ostpreußens erklärter Hauptheld war Hindenburg.

Auch ihn habe ich noch, mehrmals, persönlich erleben dürfen. Ein stattlicher, ein gütiger Herr. Mit verträumtem Vaterblick und zufriedener Feldherrnstimme. »Gut so!« hörte ich ihn einmal sagen, als er die Front der angetretenen Verbände abschritt. Und dasselbe sagte er Jahre später, bei gleicher Gelegenheit. Es klang für Knaben bedeutsam.

Dieser Hindenburg wurde als »der Retter Ostpreußens« bezeichnet und verehrt. Auch wurde er »unser Befreier« genannt. Um das zu werden, reichten wenige Wochen aus, eigentlich nur einige entscheidende Tage.

Paul von Hindenburg, der Sieger der Schlacht von Tannenberg, hieß genau: Paul Ludwig Hans Anton von Beneckendorf und Hindenburg. Er wurde 1847 in Posen, also im Westen, nicht in Ostpreußen geboren. Doch in Königsberg ist er, von 1881 bis 1884, Generalstabschef der 1. Division gewesen.

1911 nahm oder erhielt Hindenburg, damals General der Infanterie, seinen Abschied und zog sich, bis auf weiteres, ins »Privatleben« zurück. Es wurde, unter anderem, von ihm behauptet: er habe die Stirn besessen, bei einem Manöver die von Seiner Majestät persönlich befehligten Truppen zu schlagen – deshalb mußte er gehen.

Doch dann brach der große Krieg aus. Die Russen fielen in Ostpreußen ein, und es kam zwischen dem 19. und 20. August 1914 zu der sogenannten Schlacht bei Gumbinnen. Es entstand für die deutschen Truppen eine »überaus kritische Lage«, wie es in den Kriegsberichten heißt.

Doch bereits zwei Tage später, am 22. August, telegrafierte Seine Majestät, der Kaiser, an den General im Ruhestand Hindenburg und erklärte ihn wieder für aktiv. Gemeinsam mit Ludendorff erschien der neue Befehlshaber Ost auf dem Kriegsschauplatz Ostpreußen und begann, vier Tage später, mit der geradezu sagenhaft gewordenen »Schlacht von Tannenberg«. Sie fand zwischen dem 26. und 31. August 1914 statt und brachte die »russische Dampfwalze« zum Stehen.

In einer weiteren Schlacht, fünf Tage danach, zwischen dem 5. und 15. September 1914 – der »Schlacht bei den Masurischen Seen« – wurde diese »Dampfwalze« endgültig blockiert und schließlich, im Februar 1915, in der »Winterschlacht von Masuren« kriegsentscheidend zertrümmert.

In einigen dieser ersten entscheidenden Schlachttage oder auch nur in etlichen Stunden davon soll sich Hindenburgs »Feldherrnhügel« mitten im Dorfe Tannenberg befunden haben; unmittelbar vor der Schule. Und nur wenige Meter davon entfernt, auf der gegenüberliegenden Seite der Straße, habe ich jahrelang gelebt und war somit alljährlich Ende August Zeuge von Gedenkfeiern.

Es war dies jedesmal einigermaßen erhebend. Der eine oder andere ehemalige General erschien, dazu kamen diverse Offiziere, zumeist Gutsbesitzer in der Umgebung, schließlich zahlreiche Überlebende, einstige Soldaten, die am Orte oder in benachbarten Dörfern wohnten. Sie marschierten heran und nahmen teil. Sie ehrlich ergriffen zu nennen wäre stark übertrieben.

Doch ihre Freude hatten sie daran. Zumal das Erscheinen einstiger verdienstvoller und auch jetzt noch verdienender Vorgesetzter einige kleine, angenehme Folgeerscheinungen zeitigte – Freibier war in Sicht. Und das garantierte bei uns immer eine gewisse Stimmung.

So standen sie denn da, wohlgeordnet und wohltuend schweigend, ließen sich von der Blechmusik anblasen, Mahn-, Dank- und Segensworte über sich ergehen, und schließlich sangen sie sogar – und das regelmäßig zweimal. Zunächst das »Lied vom guten Kameraden«, und zwar zwei Strophen davon, sodann das »Deutschlandlied«, und hiervon immer nur die erste.

Dabei schweifte ihr leicht verträumter Blick gelegentlich ab – zum Gasthaus hin. Ansonsten sahen sie sinnend die vor ihnen aufgebaute Pracht: vielerlei Fahnen, ein eichenlaubumkränztes Rednerpult, den Ortsgeistlichen in Lutherhaltung – und dann die hohen Herren, in den schönen alten Uniformen mit den vielen Orden.

Besonders imponierend dabei einer der regelmäßigen Tannenbergfeierteilnehmer: ein rundlich-knorrig-kerngesichtig wirkender Außer-Dienst-General, Hell oder Höll mit Namen, glaube ich, weiland Artillerieführer, und nach wie vor Gutsbesitzer von Groß-Gruben oder Grieben.

Während er auf diesem Feldherrnhügel gestanden habe, so pflegte er immer wieder ausführlich zu erzählen, sei ihm eine feindliche Truppenbewegung gemeldet worden, und zwar habe es sich um stärkere russische Einheiten gehandelt, die gerade im Begriff gewesen seien, in seinen Besitz, in Groß-Gruben, einzudringen. Was tun? Das war für ihn keine Frage! »Da gab es doch nur eins, Kameraden!« Und dann habe er – ohne mit der Wimper zu zucken – befohlen: »Feuer auf Groß-Gruben!« Oder eben Grieben. Der Endeffekt war der gleiche.

So war er! Und so wie er waren nicht wenige andere auch. Knapp zwanzig Jahre nach seinem Sieg bei Tannenberg legte Hindenburg, nunmehr Reichspräsident, immer noch gefeiert als »Ostpreußens Retter«, das Geschick Deutschlands in die Hände eines Adolf Hitler. Daß er damit auch die völlige Vernichtung »seines« Ostpreußens nahezu unvermeidlich eingeleitet hatte, vermochte er gewiß nicht zu ahnen. Aber so und nicht anders ist es gekommen. Was jedoch nichts daran geändert hat, daß ausnahmslos alle, die sich bis heute mit der Geschichte ihrer Heimat beschäftigt haben, ihm vorbehaltlos Loblieder singen.

Er wurde dann in jenem Tannenberg-Denkmal bei Hohenstein beigesetzt, das er noch selbst mit eingeweiht hatte. Ein Turm davon barg seinen Sarg. Und dort brach, am 1. August 1935, ein Brand aus – das Blitzlicht eines Fotografen hatte das trocken gewordene »Schmuckreisig« entzündet; es brannte lichterloh.

Am Tag darauf, dem Todestag Hindenburgs, standen die ersten Besucher vor verschlossener Turmtür. »Den etwas geschwärzten Sarg mußte die Frau Bürgermeister polieren.« Das tat sie sicherlich mit ostpreußischer Gründlichkeit, ohne auch nur im entferntesten zu ahnen, daß sie damit eine Art symbolische Handlung vornahm.

Später wurde Hindenburg in seinem Sarg zu einem ostpreußischen Flüchtling – und entkam. Nunmehr ruht er neben seiner Frau in Marburg – nicht jedoch, wie andere behaupten, in einer hannoveranischen Familiengruft. Und dort, so ist ihm zu wünschen, möge er ungestört ruhen!

Denn seine biedere Ehrlichkeit ist wohl unbezweifelbar – und nicht zuletzt deshalb ist auch er auf seine Art ein sehr typischer Ostpreuße gewesen. Er wollte gerne und vorbehaltlos glauben und vertrauen! Er war ein Feldherr von großer Selbstlosigkeit – weder sein Kaiser noch gar sein Hitler vermochten das in rechter Weise zu erkennen.

Dafür aber kann er nichts.

19. Kapitel

# Nur kein Streit

Wir sind keine Optimisten, aber auch keine Pessimisten – wir sind Ostpreußen. Das ist schon alles. Und das reicht.

*Aus dem Brief eines Landsmannes*

Es ist aber auch alles in Ostpreußen ganz anders als in Hamburg.

*Ein Besucher*

Gemütlich, beziehungsweise gemütvoll zu sein, oder eben gewesen zu sein, behauptet fast jeder deutsche Volksstamm von sich. Doch die Ostpreußen waren das wirklich. Vermutlich hatten sie auch hier gar keine andere Wahl.

Sie waren einfach aufeinander angewiesen. Sie freuten sich immer, anderen Menschen zu begegnen – genauer wohl: anderen Ostpreußen. Dann wurden sie ungemein gesellig. Und das schnell, gründlich und völlig vorbehaltlos.

Eine der beliebtesten, weitverbreitetsten Geschichten endete mit der bei uns sehr typischen Redensart: »Ei, wo werd ich denn Streit anfangen!«

Ein Wortspiel übrigens, das der Ostpreußenspezialist Joseph Müller-Blattau noch wesentlich kürzer und auch wohl treffender formulieren kann. Einfach mit: »Was soll ich straiten!«

Dabei wurde ausführlich und phantasievoll ausgeschmückt erzählt, wie ein Ostpreuße auf einen anderen einredet, den er zufällig getroffen hatte. Unermüdlich fragt er danach, wie es seinem Gesprächspartner gehe, wie dessen Eltern, wie dessen Geschwistern. Und der Befragte entgegnete unentwegt herzlich: »Gut, gut!«

Später gab dann ein Zuhörer leicht verwundert zu bedenken: »Aber du kannst doch gar nicht gemeint gewesen sein – der muß dich glatt verwechselt haben!« Worauf er die schlichte, erschöpfende Antwort bekam: »Ei, macht doch nuscht – wo werd ich denn Streit anfangen!« Oder eben: straiten!

Das gemütliche Wörtchen »Ei« gehörte geradezu untrennbar zu unserem Alltagssprachschatz. Etwa: »Ei, Jungchen, was machst du?« Oder: »Ei, wie geht's dir?« Das ganz breit – fast »brait« – ausgesprochen, genießerisch und freundschaftswillig möglichst noch dazu.

Diese rührend herzliche Freude an menschlichen Begegnungen, unter welchen Vorzeichen auch immer, konnte jederzeit in liebenswertes Entgegenkommen ausarten. Der zumeist einsame Ostpreuße ließ gar keine Zweifel aufkommen, daß er recht glücklich war, mögliche Freundschaften pflegen zu können – dafür war er zu jedem Zugeständnis gern bereit.

So wurde ein Ostpreuße gefragt: »Na – wie geht's?«

Worauf der bedächtig-entgegenkommend meinte: »Nu – wie soll's denn schon gehen?«

»Geht's gut?«

»Nu ja«, sagte der bereitwillig. »Wenn Sie meinen!«

Dem entziehe sich, wer kann. Aber in diesem simplen Dialog kommt die ganze grenzenlose Gutmütigkeit unserer Menschen zum Vorschein. Ein echter Ostpreuße versucht immer, jedem vorbehaltlos entgegenzukommen, dem er begegnet. Sozusagen: sein Herz in der offenen Hand haltend!

Dabei ist es jedoch ratsam, an die einzigartige Ehrlichkeit dieser Geste zu glauben. Denn wehe, wenn sich ein Ostpreuße brutal zurückgestoßen fühlt! Er wird darunter schwer leiden. Aber dann die Konsequenzen daraus ziehen – allein für sich. Er haßt nicht jene, die ihn nicht lieben können – sie existieren dann einfach für ihn nicht. Er verbannt sie aus seiner Welt; und damit aus seinem Sprachschatz. Er würde ihnen nie wieder eines seiner zärtlichen Wortspiele gönnen.

So etwa wurde, für den internen Gebrauch, ganz normalen Wortgebilden fast regelmäßig die Zusatzsilbe »che« angehängt. So hieß es nicht »Herr Lehrer«, sondern »Herr Lehrerche« – und sinngemäß wurde nicht »Karl« gesagt, sondern »Karlche«; ebenso »Sonnche«, »Mondche« und sogar »Seelche«. Letzte Zärtlichkeit zwischen zwei Menschen, die Steigerung des trauten »Du«, war das »Du'che!« Und Kaiser Wilhelm nannte man »Majestätche«.

Dennoch wurde in Ostpreußen keinesfalls überall und zu jeder Zeit ein so stark gefühlsbetonter Dialekt gesprochen. Vielmehr wurde von gebildeten Reisenden und sogar von wissenschaftlich geschulten Beobachtern wiederholt berichtet: nirgendwo in Deutschland werde, selbst von einfachen Leuten, so viel reines Hochdeutsch gesprochen, wie gerade in Ostpreußen. Und das traf auch zu. Unsere »Lehrerchens« hatten keine sonderliche Mühe, die im fernen Reich konzipierten Lesebücher mit ihren Schülern durchzuackern.

Das jedoch schloß keinesfalls außergewöhnlich robuste und vielseitige, reichlich eigenwillige Formulierungen aus – in Besonderheit bei Ortsnamen. Auch nur annähernd Ähnliches gab es nirgendwo im deutschen Sprachraum sonst, hier jedoch in geradezu verschwenderischen Ausmaßen. So konnte man, unter vielem anderen Artverwandten, folgendes auf Ortstafeln und an Bahnstationen erblicken: Pudelkelm, Pogrimmen, Schmuddledimmen. Dann: Prassen, Faulen, Maulen. Sodann: Karkeln und Bumbeln. Aber auch: Juckenischken, Kuhdiebs und Katzenduden. Schließlich sogar: Gr. Aschlacken, Gr. Aschnaggern und Kackschen ebenso wie Willpischen.

Hinzu kamen – immer noch: unter zahllos ähnlichen anderen – Namen wie: Prosit, Prostken, Liegetrocken, Bumbeln, Babbeln, Spucken, Tullen, Wabbeln, Kabbeln, Glommen, Wuren und Wommen. Ein purer Zufall war das alles nicht.

Auch gab es gar keinen sogenannten typisch »ostpreußischen« Dialekt – vielmehr eine ganze Anzahl davon, die sich überdies noch recht gut voneinander unterscheiden ließen. Ihnen allen gemeinsam war lediglich jene zutraulich-stimmungsvolle Breite – »Braite« –, die von einer fast brüderlich empfundenen Herzlichkeit ist. Diese existiert auch heute noch, selbst bei noch so entfremdet erscheinenden Ostpreußen. Sie kommt spätestens bei der zweiten gemeinsamen Flasche zum Vorschein – vorausgesetzt jedoch, daß diese ein hochprozentiges Getränk enthalten haben.

Kenner jedenfalls unterschieden innerhalb der »ostpreußischen Sprache« zwischen dem »älteren Niederdeutsch«, dem »Hochpreußischen« und dem »Niederpreußischen«. Hinzu kam dann noch die sogenannte »Ordensliteratur« – diese mit dem nachweisbar ältesten Dokument unseres Landes aus dem Jahre 1262.

Bezeichnenderweise nannten die Bewohner von Ermland ihren Dialekt »Breslau'sch«. Und allein das »Niederpreußische Sprachgebiet« hatte mindestens drei Dialektgruppen aufzuweisen: einmal »das Samländische«; dann »das Natangische«, wozu die Gegend südlich des Pregel bis hin zum Rastenburger Raum gehörte; schließlich den »Haff-Dialekt«.

Das alles freudig und unbekümmert zusammengebraut. Und nicht nur die verschiedenartigsten deutschen Stämme waren daran beteiligt, auch Einflüsse aus vielen Teilen der sonstigen Welt lassen sich nachweisen. Wahrlich nicht zufällig sind unter den ältesten der bei uns registrierten Namen, allein etwa in Elbing, folgende vorzufinden: de Dortmunde, de Essen, de Colberch. Und in Königsberg: Mecklenborg, Treptow, Brabant. Und waschechte Ostpreußen mit glanzvollen französischen Namen gab es gar nicht wenige. Kein Zufall auch, daß die nördlichste Stadt Deutschlands, Memel mit dem eisfreien Hafen, zunächst Neu-Dortmund geheißen hat.

Die segensreiche Blutzufuhr durch fünfzehntausend Salzburger ist bereits gewürdigt worden – eine Zahl, die übrigens in anderen Quellen mit zwanzigtausend »und mehr« angegeben wird. Gumbinnen, Trakehnens Bahnstation, wurde »die Stadt der Salzburger« genannt. Dort gab es eine »Salzburger Anstalt«, eine »Salzburger Kirche«, ein »Salzburger Hospital«. In den dreißiger Jahren lebten über zweiundzwanzigtausend Menschen in dieser blitzsauberen Stadt.

Außerdem aber existierten im Raum um Danzig viele Holländer, die nach Ostpreußen hineinzeugten, zumindest bis nach Osterode hin – einer meiner Vorfahren gehörte zu ihnen. Auch bestand in Königsberg eine englische Kolonie. Und der Herzog Albrecht von

Preußen ließ bereits im 16. Jahrhundert Schotten, Böhmen und wieder Holländer ins Land.

Auch existierten nachweisbar in der ostpreußischen Sprache eine ganze Anzahl Worte, die aus dem Litauischen kamen – diese besonders im Memelgebiet. Und Anklänge an das Polnische waren in allen Dialektbereichen unseres Landes vorzufinden. Darunter das handfeste »Dups«, was Gesäß bedeutet und in Polen »dupa« heißt. Auch eines der überall anzutreffenden ostpreußischen Haustiere, die Ziege, trug einen polnischen Namen – sie hieß: »Kosse«, was von »Koza« kommt.

In einem solchen vielfach befruchteten und von allen erdenklichen geistigen Strömungen immer wieder überspülten Land mußte eine gewisse Urbanität herrschen. Das aber führte zu so manchen ausgeprägten Daseinsformen, die naturgemäß nicht ohne Eigenwilligkeit waren. Die dazugehörigen Spielarten waren allerdings nicht gerade leicht zu durchschauen – doch es gab sie.

20. Kapitel

# Ruhe ist das erste Bürgerrecht

Aus dir kann was werden – nuscht is nu all!
*Ein ostpreußischer Vater zu seinem Sohn*

Die Sprache eines Landes zu untersuchen vermag zu recht interessanten Ergebnissen zu führen – oder eben auch zu verführen. Sich mit Sprichwörtern und Redensarten zu beschäftigen, kann ungemein aufschlußreich sein. Das jedoch nicht unbedingt und in jedem Fall in Ostpreußen.

Dort existierten viele sogenannte Volksweisheiten, die andere deutsche Lande ebenso aufzuweisen hatten. Etwa: Was der Bauer nicht kennt, das frißt er nicht. Oder: Vögel, die früh singen, frißt die Katze. Das waren eingeschleppte, übernommene Alltagsweisheiten, in Niedersachsen ebenso wie in Schwaben gültig. Das aber war glücklicherweise nicht alles. Vielmehr boten sich überaus eigenwillige Wortschöpfungen in einer sehr typisch ostpreußisch erscheinenden Denkweise an. So etwa, wenn lapidar festgestellt wurde: »Was zum Schweinstrog ausgehauen is, wird im Leben kein Vijelin.« Wobei »Vijelin« gleichbedeutend mit Violine, also mit Geige ist. Auch hieß es bei uns: »Man kann nich aus Dreck Zwerge backen.«

Doch bei solchen Formulierungen muß man höllisch aufpassen – denn so klar und einleuchtend auch ein Sprichwort wie dieses zu sein scheint, es hat seine Falltüren. Denn nur eingefleischte Ostpreußen vermögen es richtig zu verstehen. Nur sie wußten, daß mit »Zwerge« kleine, runde Quarkkäschen bezeichnet wurden. Dafür aber Dreck zu nehmen, das mußte unseren Landsleuten im höchsten Grade als alarmierend erscheinen. Denn hier handelte es sich ja um des Ostpreußen erklärte Lieblingsbeschäftigung – um das Essen. Worüber noch einiges zu sagen sein wird.

Doch ungleich unmißverständlicher war, daß sich ein überaus stattlicher Teil aller ostpreußischen Sprichwörter ganz speziell auf ein einziges Anliegen konzentrierte – auf die Ruhe; auf die stets ersehnte, bereitwillig gepflegte, als gottgesegnet empfundene Ruhe. Denn, so hieß es: »Arbeit is kein Hoaske (kein Hase), se rennt nich weg.«

»Beeile dich!« sagte der Bauer fordernd zu seinem Knecht. Was im Dialekt hieß: »Spoad di moal e biske!« Worauf der bieder versicherte: »Ök spoad mi schon, aber langsam.«

Alles mithin zu seiner Zeit. Und das noch dazu möglichst langsam. So konnte denn ein literarischer Spaßvogel berichten, er habe in Masuren etwas erblickt, das er zunächst für einen Baumstamm gehalten habe. Das sei aber der Briefträger gewesen – mit einem Eilbrief unterwegs. Dem durchaus entsprechend wurde dann auch bei uns ein bestimmter Zug, seines unvorstellbar gemäßigten Tempos wegen, »der rasende Masur« genannt.

Und ein anderes Sprichwort hieß, genau hierzu passend: »Wat man nich ändre kann, sitt man gelate an.« Die kaum jemals beirrbare, nahezu göttliche Gelassenheit dieser Menschen könnte durchaus als ostpreußische Nationaleigentümlichkeit bezeichnet werden. Die Versuchung, das zu glauben, ist groß.

Als in unserem Dorf ein Bauer erkannte, daß er sterben mußte, versammelte er noch einmal »alle seine Lieben« um sich. Und ihnen erklärte er: »Ich werde also in die Grube fahren – und dies gerne. Ich weiß, ihr wartet nur darauf. Dagegen kann man nichts machen – nur eins noch: ich erkläre euch alle als meine Erben. Und nun schlagt euch meinetwegen gegenseitig tot!«

Als ein anderer Bauer seine Frau im Bett mit seinem ersten Knecht ertappte, sagte er nur: »Ändern kann man das wohl nicht – aber ich ziehe das von deinem Lohn ab!«

Nicht unähnlich gelassen reagierte in unserem Dorf ein Knecht, dem beide Hände in die Häckselmaschine hineingerieten und verstümmelt wurden. »Hauptsache«, meinte er, »ich kann noch essen und trinken.« Er sagte: saufen und fressen; genauso, wie man zum Vieh sprach – denn allein das hatte er in seinem kargen, gottergeben hingenommenen Leben wirklich liebgewonnen. Wenig war das nicht.

So wird auch erzählt, daß eines Tages der große Kant, bei einem seiner regelmäßigen Spaziergänge, plötzlich vor sich einen Mörder erblickt habe – das blitzende Messer schwingend. Ein Metzgergeselle gedachte ausgerechnet in Königsberg, Amok zu laufen. Und das im Umkreis eines Kant. Der soll denn auch zu ihm gelassen gesagt haben: »Mannche, aber heut ist doch gar kein Schlachttag!« Was stimmte. Was diesen mordbereiten Wirrkopf so stark beeindruckte, daß er eilig sein Schlachtermesser einsteckte und sich schamvoll entfernte.

Von durchaus ähnlicher, heiterer Gelassenheit – die aber wohl niemals ganz frei von lächelnder Resignation gewesen ist – darf wohl auch ein Ausspruch des gleichen, inzwischen in Ehren alt gewordenen Kant bezeichnet werden. Als er, der Junggeselle, danach befragt wurde, warum er denn niemals geheiratet habe, sagte der Philosoph: »Als ich jung war und eine Frau hätte brauchen können, konnte ich keine ernähren; und jetzt, da ich eine ernähren könnte, kann ich keine brauchen.«

Dieses stille, wissende, fast ergebene Lächeln schien über ganz Ostpreußen gelegen zu haben. Es vermochte selbst ärmste Hütten zu erleuchten. Als ein Mann, anläßlich der Geburt seines neunten Kindes, danach befragt wurde, ob das wohl nicht »ein bißchen reichlich« sei, entgegnete der gottergeben: »Ach, Herr Pastorche, womit soll sich denn sonst e armer Mensch de Stub möblieren?«

Und ein vielgeplagter Bauer gestand einem anderen, nach sonntäglichem Gottesdienst: »Bei meinem armseligen Boden hilft gar kein Beten mehr, da hilft nur noch Mist.«

Eine unendlich große Gelassenheit schien dieses Land zu beherrschen. Und das zu jeder Jahreszeit. So wollte ein Besucher wissen: »Was tut ihr eigentlich im Sommer?« Hierauf meinte ein Landsmann: »Dann arbeiten wir.« – »Ohne nachzudenken?« wurde er weiter gefragt. Die lapidare Antwort darauf lautete: »Wie können wir nachdenken, wenn wir arbeiten?«

»Und was macht ihr im Winter?«

»Ja, im Winter – da sitzen wir und denken!«

»Und wenn ihr alles gedacht habt – was dann?«

»Nun – dann sitzen wir nur so!«

Charlotte Keyser, die zu Ostpreußens empfindsam registrierenden Dichterinnen gehörte, konnte in ihren Erinnerungen Artverwandtes berichten – und zwar von ihrer Wirtschafterin. Die war von einer Ratte gebissen worden, und zwar am Zeh.

»Und – was taten Sie da?«

»Nu gar nuscht – ich kickd!« (»Ich schaute.«)

»Na, und die Ratte?«

»Ja – die kickd auch.«

21. Kapitel

# Kleine Stadt, große Stadt – eine Welt

*Ein Bericht*

Osterode hieß die kleine Stadt meiner Kindheit – an einem See gelagert, um einen Marktplatz gruppiert, von einigen tausend Menschen bewohnt. Die große Stadt meiner Jugend war Königsberg – von einem Fluß zerteilt, um Gewässer und Grünanlagen herumgebaut, prall gefüllt mit Menschen.

Und beides war für mich nicht nur Heimat, unzerstörbar zusammenhängende Teile eines Landes namens Ostpreußen. Es wollte mir vielmehr als eine einzige, harmonische Welt erscheinen. Damals – zwischen den beiden Kriegen.

Natürlich war in Königsberg alles viel größer, breiter und auch weiter – ohne Berücksichtigung der Dimensionen des Marktplatzes von Osterode. Aber hier wie dort existierte so gut wie nichts, das mir wesentlich anders erscheinen wollte.

Wohl vermochten Königsberger Historiker voll Stolz darauf hinzuweisen, daß einstmals, vor etlicher Zeit, ihre geliebte Stadt weit mehr Einwohner gehabt hatte als Berlin. Das jedoch war Stolz und Vorurteil in einem Atemzug. Derartige Vergleichsversuchungen waren kaum mehr als schnell vorübergehende, verlockende Anwandlungen.

Ansonsten jedoch existierte kaum jemand, weder in Osterode noch in Königsberg, der nicht das sichere, solide Gefühl gehabt hätte, in seiner Stadt oder eben in beiden wie in Abrahams Schoß leben zu können. Und da wir mit niemandem tauschen wollten, brauchten wir auch keinen zu beneiden.

Das kleine Osterode war, von den Sandbergen bis zum Drewenzsee, in einer knappen halben Stunde zu durchqueren – als Kinder veranstalteten wir Wettläufe; der Rekord lag bei knapp achtzehn Minuten.

Doch um Königsberg zu durchmessen, etwa von Ponarth bis Maraunenhof, brauchten wir später mehrere Stunden – ein Spaziergang, der sich in so manchen Sommernächten als unvermeidlich erwies, dann nämlich, wenn die Straßenbahnen nicht mehr fuhren. Und Straßenbahnen hat es in dieser Stadt gegeben; darunter sogar einige, auf denen zweistellige Zahlen verzeichnet waren.

Der Mittelpunkt von Osterode war, wie in fast allen Städten unseres Landes, der Marktplatz – er schien zunächst wie ein schmaler Fächer zu sein; doch zum See zu breitete er sich wie vollentfaltet aus. Die Leute, die an diesem dreieckigen Gebilde wohnten, pflegten zu sagen: »Wir brauchen nur aus dem Fenster zu schauen, und dann wissen wir schon alles, was geschieht.«

Wir Knaben jedoch waren sicher, manches davon wesentlich früher gewußt zu haben. Das von unseren regelmäßigen Pirschgängen in den Anlagen am Drewenzsee her. Was wir dabei erblickt hatten, berechtigte uns zu der Annahme: in diesen gepflegten Naturschutzanlagen war ein großer Teil unserer Bevölkerung entstanden.

Doch zu existieren begann bei uns der Mensch erst nach erfolgter Registrierung im Rathaus und im Kirchenbuch. In unserem Lande mußte alles seine amtlich beglaubigte Richtigkeit haben, um wirklich anerkannt zu werden. Wenn irgendwo die Bräuche streng waren – dann hier.

In Osterode schien ein Großteil der Bevölkerung eng miteinander verwandt zu sein. Meine geliebte Großmutter war Hebamme – kaum ein Bürger ihrer Stadt, den sie nicht ans Licht ihrer ostpreußischen Welt gezogen hätte. Und das geschah mit herzhafter Robustheit, wie Gesprächen zu entnehmen war – eine heulende, sich selbst bemitleidende Klageweiberwelt ist das wahrlich nicht gewesen.

Ein Onkel war Friseur und der einzige weit und breit, der ein wenig »aus der Art geschlagen« war – er malte Ölbilder, aber nicht einmal Helden waren darauf zu erblicken, sondern zumeist nur

Rehe. Eine Tante arbeitete in einem Pelzgeschäft, das ihr bald darauf gehörte; eine andere betreute eine Blumenhandlung, einschließlich Inhaber – auch das endete sicher mit einer Ehe.

Irgendein Schwager war für das Gefängnis verantwortlich, ohne selbst dort Insasse zu werden; ein anderer betätigte sich als Mechaniker und soll die damals vielbestaunte Kunst beherrscht haben, drei neue Autos in vier alte zu verwandeln; zwei waren Soldat – der eine Offizier, der andere Obergefreiter; sie sprachen jahrelang kein Wort miteinander, schienen sich aber glänzend zu verstehen; vermutlich deshalb.

Sogar in Königsberg schien jeder jeden zu kennen. Auch dort machte sich eine Art unvermeidbares Familiengefühl breit. In den Lokalen in Besonderheit, wo sich Tische alsbald in Tafelrunden zu verwandeln pflegten. Aber auch bei Spaziergängen im Tiergarten, beim Rudern auf dem Schloßteich, beim Sonntagsbummel durch die Junkerstraße, über den Münzplatz, in die Französische Straße hinein – man nickte sich zu, plauderte miteinander, verstand sich.

Das Alter spielte dabei keine Rolle, irgendeine Uniform auch nicht und eine mögliche Weltanschauung schon gar nicht – in Königsberg ebenso wie in Osterode konnte damals noch »jeder« – wie es ein schon deshalb »groß« zu nennender Preußenkönig verkündet hatte – »nach seiner Fasson selig werden«.

Wir jedenfalls hatten das Gefühl, es wirklich werden zu können – hier wie dort. »Wer nach Osterode kommt, weint zweimal«, so hieß es, »zuerst, wenn er es erblickt, dann, wenn er uns wieder verlassen muß.« Diese Formulierung war eine der beliebtesten des Landes – fast jede Stadt nahm sie für sich in Anspruch. Auch Königsberg. Und überall in Ostpreußen schien sie sich zu bestätigen: herkommen wollte keiner, fortgehen aber auch nicht.

Beide Städte wirkten einfach, fast ernüchternd kunstlos erbaut – auf den ersten Blick. Den Markt in Osterode umstanden zumeist zweistöckige Häuser; auf dem zentralen Kaiser-Wilhelm-Platz in Königsberg waren die Bauten immerhin dreistöckig. Doch keins davon besaß geschwungene Giebel, kunstvoll arrangierte Fenster oder dekorativ wirkende Türen. Alles war vielmehr eckig und glatt, weißgrau und grauweiß – und dabei peinlich sauber.

Sauberkeit war das beherrschende Gebot. Der ostpreußische Bürger hatte für seine Anlagen keine Warn- und Hinweisschilder nötig; er war, in mehrfacher Hinsicht, ein Kernseifenmensch. Ansonsten durfte er und wollte er auch innerhalb seiner vier Wände tun oder lassen, wozu er sich lustig fühlte. In der Öffentlichkeit jedoch war er strebsam bemüht, sich höchst gesittet zu benehmen. Davon zeugte jede Straße in unseren Städten. Die leicht fragwürdige Ritterstraße in Osterode ebenso, wo angeblich jene lebten, die man heute als »sozial minderbemittelt« bezeichnen würde, wie auch irgendeine der Königsberger Altstadtstraßen, etwa zwischen der Langgasse und dem neuen Pregel. Irgendwo anders mochte man sich rühmen, vom Fußboden essen zu können – bei uns hätte man jederzeit mitten in jeder unserer Straßen ein Picknick veranstalten können.

Dabei mag unser Beitrag zur Kriminalgeschichte nicht minder reichhaltig gewesen sein als anderswo. Auch wir hatten unsere Menschen- und Tiermörder, unsere Gewaltliebhaber und Messerschwinger, sogar hier und da eine Giftmörderin, die jedesmal fürchterliche Volkswut entfesselten – denn das war ein glatter Eingriff in geheiligte Bezirke, in Essen und Trinken. Aber wir hatten ja auch den Henker von Königsberg, und der erfreute sich sogar, seiner besonderen handwerklichen Fähigkeiten wegen, hoher Anerkennung in Fachkreisen. Im Tiergartencafé habe ich ihn Tango tanzen sehen – er erledigte selbst das sehr schwungvoll.

Doch unvergessen wird mir die Empörung der Osteroder Bevölkerung über einen ihrer angesehenen Bürger bleiben – denn der, ein Hotelier, hatte nahezu mitten auf dem Marktplatz, beim Rathausbrunnen, wenn auch zu nachmitternächtlicher Stunde, sein Wasser abgelassen. Was dann offiziell hieß: er sei wohl, reichlich haltlos, »einem leichteren menschlichen Bedürfnis« erlegen. Damit aber hatte er gegen die bei uns nahezu für heilig gehaltene öffentliche Sauberkeit verstoßen. Und so was war einfach nicht zu verzeihen.

Wasser – sauberes, quellklares, bis zum Grund durchsichtiges Wasser, war eins der Grundelemente in Ostpreußen. In Osterode entsprach die durchfließende Drewenz einfach ideal dieser Forderung. Sie war nur wenige Meter breit, floß aber, wie es uns schien, ziemlich schnell – sie zu durchschwimmen war Ehrgeiz jedes Knaben. »Er hat!« wurde dann von ihm gesagt.

In Königsberg gab es den Pregel, der von Dichtern, die ihn vermutlich nur von der Hafengegend her kannten, vorsorglich als »grauer Strom« besungen wurde. Aber jederzeit tummeln konnte man sich im »Oberteich«; ihn vom Dohnaturm in Richtung Wrangelturm zu durchschwimmen war ein reines Sonntagsvergnügen – manchmal sogar wahre Lust.

Warum jemals diese Gewässer mitten in Königsberg »Teiche« genannt worden sind, wollte uns schon immer unbegreiflich erscheinen. Es waren Seen. Und wie fast alle tausend oder eben halbtausend Seen in Ostpreußen von betörender Schönheit, gleichsam hineingeboren in die ihnen allein gemäße Landschaft – inmitten überaus sanfter Hügelketten, deren Anblick das Gefühl der Geborgenheit erzeugte und zugleich Weite sichtbar werden ließ. Eine Weite, die selbst der Häuserwald von Königsberg nicht zu verstellen vermochte.

Jede Tageszeit zauberte verschwenderisch ein neues, bestürzend schönes Bild. Was im rosaroten Morgengrauen noch wie ein weltenferner Traum erschien, verwandelte sich in jeder summenden Sommernacht zu einem berauschenden Erlebnis. Und ein Bad bei leuchtendem Vollmond im Osteroder Drewenzsee oder im Königsberger Oberteich, umstanden von dichten, silberschimmernden Bäumen, durchbrochen von freudigen Rufen und einem schwerelosen Lachen – das waren Augenblicke, die unvergeßlich bleiben werden. Wir lebten in Städten, in denen noch die Landschaft, die Natur selbst, unbeengt zu atmen vermochte.

Unseren Menschen war eine stille, beharrliche Neugier zu eigen. Nichts, das sie sich nicht bereitwillig ansahen – Paraden, Leichenzüge, Aufmärsche, Denkmalsenthüllungen und Bootstaufen. So was schien sie stets mächtig anzuregen – Frauen wurden geschwätzig, und die Männer bekamen regelmäßig Durst.

Demgemäß leistungsfähig waren denn auch unsere Gaststätten,

die zahlreich zu nennen eine gelinde Untertreibung wäre – allein auf dem Weg vom Marktplatz zum Drewenzsee in Osterode, einer Entfernung von etwa vierhundert Metern, gab es mindestens sechs davon. Und bei einer Durchquerung von Königsberg kamen drei Freunde auf die Idee, in jedem Lokal einzukehren, das mit dem gleichen Buchstaben begann wie ihre Nachnamen – die Durchquerung von Königsberg gelang ihnen nicht.

Obgleich die Landschaft mitten in unsere Städte hineingewachsen zu sein schien, mächtige Bäume darin standen, Anlagen hinter jeder größeren Straße zum Verweilen einluden, kaum ein Fenster ohne einen Blumentopf war – es genügte unseren Leuten immer noch nicht. Bei jeder nur möglichen Gelegenheit strömten sie den Seen und Wäldern zu.

So hatte denn jede meiner Städte, sozusagen mitten in der Natur, ihre Sonntagsvorstädte. Bei Osterode war das der in einem herrlichen Kiefernwald gelegene »rote Krug« oder das parkähnliche Gelände beim »Bismarckturm« oder die beliebten Dampferausflüge zu den Oberlandseen durch den kuriosen Stufenkanal. Und Königsberg verlagerte sich dann an die Ostsee, nach Rauschen oder Cranz, die nur eine knappe Bahnstunde entfernt waren.

Es waren Städte, in denen sogar Bücher gelesen wurden. Und das geschah oft. Aber nicht nur die Bibel, der Flottenkalender oder »Der deutsche Hausschatz« waren bei uns vorzufinden. Mein Großvater etwa, ein Eisenbahnschlosser, im Sommer ein Waldläufer, der kranke Tiere aufgriff und gesundpflegte, verbrachte jeden seiner Winterabende mit einem Viertelliter Weißen, also Kornschnaps, aber auch mit Dostojewskij, Dickens und Balzac.

In unseren Buchhandlungen waren Fischer und Bauern anzutreffen. Sie wurden behandelt wie Grafen. Das in Osterode in der wahrhaft verdienstvollen Buchhandlung Adolf Brüske am Markt, wo jedermann jederzeit spürbar willkommen war. Aber selbst in dem stattlichen, beherrschenden Haus am Königsberger Paradeplatz, der Buchhandlung Gräfe und Unzer, die im »Reich« nicht ihresgleichen hatte, konnten die merkwürdigsten, die unterschiedlichsten Besucher angetroffen werden. Dort blickte der sorgfältig und eindrucksvoll in Öl gemalte Kant auf Stiefelmenschen und Kittelgestalten, auf saloppe Pulloverträger und modisch gewandete Landedelleute – und was sie auch immer verlangen mochten, ob Luther oder Marx, Kierkegaard oder Freud, Heiligenlegenden oder Hitlermärchen, sie erhielten alles. Großzügigste Toleranz war bei uns pure Selbstverständlichkeit. Und das sogar den Nazis gegenüber.

In unseren Städten herrschte Harmonie. Das Alter wurde geehrt. Als in Königsberg ein Greis, in der verkehrsreichsten Stunde der Woche, Sonnabend um die Mittagszeit, den Gesekusplatz überschreiten wollte, um zur Kant-Gedächtnistafel zu gelangen, stoppten die Fahrzeuge; zwei Männer sprangen heraus und geleiteten den ehrwürdigen Alten; wobei ein Schutzmann salutierte. Und der las dann, an seinem Ziel angelangt, laut und deutlich, was dort geschrieben stand – das von den »zwei Dingen«, die ihn, Kant, »mit immer neuer und zunehmender Bewunderung und Ehrfurcht« erfüllt hätten: »– – – der bestirnte Himmel über mir und das moralische Gesetz in mir.«

Jedes Schulkind in Königsberg kannte das auswendig; auch wir Knaben in Osterode wußten davon. Den Greis traf unter dieser Gedenktafel ein Herzschlag. Ich sah ihn lächeln, als er schon tot war.

»Mensch, der muß vielleicht besoffen gewesen sein!« meinte ein Bürger anerkennend.

Je weiter diese Erinnerungen zurücksinken, um so dichter scheinen sie sich ineinander zu verweben. Die beiden Städte meiner Jugend, Osterode und Königsberg, verschmelzen zu einer untrennbaren Einheit. Sie sind Ostpreußen – gewesen. Ein Land, das eine unzerstörbare Landschaft war. Seine Städte wuchsen organisch darin auf, bewahrten Pflanze und Baum, Wald und See, Weite und Geborgenheit; sie waren aus Stein, doch sie erstickten kein Herz. Dort konnte man leben – bis dann weit mehr zerbrach als nur ein hingebungsvoll genossener Jugendtraum.

Beide Städte sind dann auch bis zur völligen Unkenntlichkeit zerstört worden. Königsberg wurde in zwei Bombennächten ausgelöscht und starb dann in qualmenden Wochen endgültig dahin.

Osterode wurde überrannt, in einem einzigen, vernichtenden Anlauf. Kaum ein Stein steht dort mehr, so wie ich ihn kenne.

Aber die Drewenz und der Pregel fließen dennoch. Der See bei Osterode und die Teiche in Königsberg sind unzerstörbar, wenn auch für uns verloren. Die Erinnerung daran ist ohne Trauer nicht mehr denkbar.

»Warum«, soll ein alter Landsmann nach der Lektüre eines meiner Bücher gefragt haben, »ist denn das Jungchen so fürchterlich wütend, bei allem, was er schreibt?« Ihm wurde entgegnet: »Das ist doch gar kein Wunder! Denn der darf ja jetzt nicht mehr nach Osterode. Und das, was sein Königsberg gewesen ist, heißt heute Kaliningrad – er kennt sich dort nicht mehr aus, und das macht ihn ja so wild!«

Das kann sein.

22. Kapitel

# Sie lachten trotzdem!

Wenn ich nuscht sage, is es gut.
*Ein ostpreußischer Knabe, auf Drängen seiner Eltern, beim Anblick des Weihnachtsbaumes und der darunter liegenden Geschenke*

Spie nich önt Water, dat du noch drinke mottst.
*Ostpreußisches Sprichwort*

Sitz einer preußischen Regierung. Aussteigen lohnt nicht.
*Der Baedeker über Gumbinnen*

Kein Vorurteil stimmt. Und jedes, selbst ein noch so kühnes Vorurteil, scheint zu stimmen. Im Hinblick auf Ostpreußen gelegentlich schon.

So etwa wurde behauptet: diese Ostpreußen saufen, raufen und huren für ihr Leben gern. Das besonders in Masuren. Die Landesflagge war blau-weiß-rot und wies eindeutig darauf hin. Denn ein weitverbreiteter Spruch lautete etwa:

Die Augen blau vom Raufen,
die Nase rot vom Saufen,
die Haare weiß vom Huren,
das sind die Farben der Masuren.

Dabei ist es gar nicht einmal ausgeschlossen, daß diese Reimerei in Ostpreußen, bei den Masuren selbst, entstanden ist. Nur so zum Spaß. Um zu hören, was die anderen dazu sagen. Und das dann zu »begniddern«, was heißt: heimlich belachen.

Denn überall im Lande gab es ähnliche handfeste Volksdichtungen. Sie wurden fleißig zitiert – besonders in Gasthäusern und in vorgeschrittener Stunde bei Familienfestlichkeiten. Bereits Schulkinder kannten eine ganze Menge davon.

So hieß es auch:

> Überall dringt Bildung durch,
> bloß man nich in Insterburg.

Darauf sollen die Insterburger ziemlich stolz gewesen sein. Denn sie hatten ihre ureigene Auslegung dieses Reimes und kamen dabei zu folgendem Ergebnis: bei ihnen war mit neumodischen Methoden nichts anzufangen. Sie blieben, wie sie waren. Und das mit Wonne.

Ein anderer Vers behauptete:

> Es trinkt der Mensch, es säuft das Pferd,
> in Pillkallen ist es umgekehrt.

Das aber, so schien es, galt wahrlich nicht allein nur für Pillkallen – auch wenn gerade den Bürgern dieser schön langweiligen Stadt ein gewisser Erfindungsreichtum im Variieren von scharfen Getränken zugestanden werden mußte. Im Grunde jedoch konnte besonders dieser Vers für ganz Ostpreußen gelten. Man brauchte nur, was sich bequem ermöglichen ließ und auch nahezu sinnvoll erscheinen wollte, das Wort Pillkallen auszutauschen – etwa durch Allenstein oder Lötzen oder Osterode. So genau kam es niemand darauf an.

Denn einmal, das stand fest, waren Pferde ungemein edle Tiere. Als »das preußischste Erzeugnis des Landes« hatte sie einstmals ein berittener Dichter bezeichnet; und seine Aussprüche waren in jedem der damaligen Lesebücher zu finden. Dann aber konnte die Behauptung, jemand vermöge zu saufen wie ein Pferd, nur hohe, uneingeschränkte Anerkennung sein. Es bedeutete: er konnte mächtig viel vertragen. Und das zu können, galt in Ostpreußen als eine erklärte Tugend.

Diese überaus volkstümlichen Reimereien besaßen vielfache Funktion – sie sind einmal Trinksprüche und Ortshymnen zugleich gewesen, dann aber auch scherzhafte, stimmungsfördernde Zurufe und freudige Gasthofkommentare. Immer neue ähnliche Verse kamen hinzu, sobald der Alkohol enthemmte Musensöhne zu zeugen begann. Sie versuchten sich dann gegenseitig zu überbieten. Dabei gelang auch ein besonderer Höhepunkt, ein Vers, den mein Lehrer, im Deutschunterricht, einen »dreifachen Salto« nannte.

Der sah so aus:

Wer aus Insterburg kommt unbekneipt,
aus Gumbinnen unbeweibt,
aus Pillkallen ungeschlagen,
der kann von großem Glücke sagen.

Kein Zweifel mithin, daß diese Ostpreußen ihren sehr eigenen Humor besessen haben. Sie konnten aber auch über sich selber lachen, und das recht herzhaft. Vermutlich kamen sie sich selbst komisch vor, wenn auch mehr heimlich. Und gelegentlich sind sie das auch gewesen.

Dabei gelang es ihnen aber höchst selten, auf Kosten anderer zu lachen – denn diese »anderen« konnten doch nur Fremde sein. Diese aber sind in Ostpreußen stets eine Seltenheit gewesen. Ließen die sich dennoch blicken, kamen unsere Landsleute leicht mit dem Gebot der Gastfreundschaft in Konflikt, das ihnen heilig war. Sie hatten dann alle Hände voll zu tun, den stets willkommenen Gast zu bewirten, ihn also unter den Tisch zu saufen; sich aber auch noch über ihn zu amüsieren, dazu kamen sie bei ihren intensiven Bemühungen um Wohlbehagen gewöhnlich nicht.

Einmal jedoch gelang das – wenn auch nur mittelbar, und wirklich wohl nur ein einziges Mal. Doch was damals geglückt war, wurde viel belacht und immer wieder neu und gern erzählt. Und das jahrzehntelang. Allein durch diese Geschichte, so bescheiden sie auch anmuten mag, erlangten die Bürger der kleinen ostpreußischen Stadt Domnau sozusagen landweiten, unsterblichen Ruhm.

In diesem Domnau erschien auf einer Inspektionsreise Preußens damaliger König, Friedrich Wilhelm IV. Er sollte denkbar ehrend und betont freudig empfangen werden – mit allem, was nur irgendwie aufzubieten war, also auch mit der neuen Feuerspritze.

»Wir werden ihn mit einem kräftigen Strahl begrüßen!« beschlossen die Bürger. Und genau das geschah. Sie durchnäßten ihren garantiert überraschten König bis auf die Haut.

Später hieß es bei uns denn auch manchmal, etwa im Hinblick auf den Gauleiter oder sonstige Souveräne: »Laßt uns ihn begrüßen wie in Domnau!«

Was jedoch, ich muß es zugeben, nur freudiger Wunschtraum blieb.

23. Kapitel

# Kleines Land, doch große Leute

In Bonn, so wird erzählt, stand eine alte Dame, stundenlang, geduldig auf ihren derzeitigen Kanzler wartend. Sie wurde besorgt gefragt: Wird Ihnen das nicht zuviel? I wo, sagte sie treuherzig, ich hab' all dem Kaiser bespaliert, auch dem Hindenburg und dem Adolfche, da werd' ich wohl auch noch das Konradche bespalieren können.

Große Männer sind wie hohe Kirchtürme – um beide ist viel Wind.

*Immanuel Kant*

Goethe? Kenne ich nicht. Wo steht der Hengst?

*Eine ostpreußische Reiterdame beim Besuch eines Pferdegestüts, sich in ein Gespräch einmischend*

Das war in Ostpreußen nicht viel anders als anderswo auch – ob einer der »Männer« wirklich groß gewesen ist, das stellte sich erst lange nach deren Tode heraus. Stellte sich das aber heraus, dann wurde er auch mächtig geschätzt, hoch gewürdigt und auch schwer verehrt. »Unser Kopernikus!« hieß es dann etwa; und das gleich so herzlich, als gehöre der zur Familie.

Auch in dieser Hinsicht sind die Ostpreußen niemals kleinlich gewesen. Kann auch sein, daß sie ganz instinktiv erspürten: gerade in diesem Punkt hatten sie nichts zu verschenken. Schließlich ist das Angebot an großen Männern in ihrem Lande ja auch nicht gerade sonderlich umfangreich gewesen. Ostpreußen war klein, die Zahl seiner Bewohner gering und seine Geschichte etliche Jahrhunderte kürzer als in jeder anderen Provinz sonst irgendwo in Deutschland. Dennoch: es hat sie glücklicherweise gegeben – die großen Männer.

Doch einige davon sind gar nicht in Ostpreußen geboren worden – wie etwa dieser Kopernikus. Andere wieder hatten wohl das Licht der Welt, die sie dann veränderten, in diesem Land erblickt, es dann aber frühzeitig verlassen – wie etwa E. T. A. Hoffmann und zahlreiche andere dazu. Doch es gab auch nicht wenige, die kamen zu uns, fühlten sich unter uns wohl, wenn nicht gar glücklich – der Dichter Hansgeorg Buchholtz etwa oder der Vogelprofessor Johannes Thienemann.

Sie alle wurden früher oder später – zumeist später – großherzig in unsere Landesfamilie aufgenommen. Dann sogar »unsere Ostpreußen« genannt. Sie empfanden das wie eine hohe Auszeichnung – es war auch eine.

Bei Nikolaus Kopernikus ließ sich diese unbekümmerte Einbürgerung noch am überzeugendsten bewerkstelligen. Nun gut, mochte auch Kopernikus kein gebürtiger Ostpreuße gewesen sein – er wurde jedoch sozusagen am Rande davon geboren: am 19. Februar 1473 in Thorn, der Ordensstadt an der Weichsel; also im vereinfacht so genannten Westpreußen.

Der Vater »unseres Kopernikus« war Kaufmann; Chronisten haben ihn auch gerne als »Handelsherr« bezeichnet. Aber er ist nicht sonderlich entscheidend für das weitere Leben seines Sohnes gewesen und damit für den Lauf dieser Welt; und nicht zuletzt auch für den Ruhm Ostpreußens. Das bewerkstelligte vielmehr der Bruder der Mutter dieses Kopernikus: der Bischof von Ermland. Zunächst jedoch studierte »unser Kopernikus« in Krakau, in Bologna, in Padua, in Ferrara – nicht in Königsberg. Er beschäftigte sich mit Mathematik, Astronomie und Medizin. Doch 1505, also mit zweiunddreißig Jahren, war er bereits mitten in Ostpreußen; um es dann nie mehr zu verlassen. Dank seinem Oheim!

1505 betätigte sich Kopernikus als Sekretär in Heilsberg. Und hier, auf dem Schloß, verfertigte er die erste Niederschrift seiner Gedanken über die Bewegung der Gestirne. Die entscheidende Neugestaltung unseres Weltbildes – unbezweifelbar auf ostpreußischem Boden eingeleitet.

Des Kopernikus weitere Stationen in Ostpreußen waren: Frauenburg, 1512; Allenstein, 1516, wo er bereits als Burgherr amtierte, aber auch als Geistlicher und Arzt. Und schließlich, erneut, diesmal

1524, Frauenburg. Im dortigen Dom fand er sein Grab.

Ein völlig schlackenloser Ostpreuße war – wie auch Kant – der sogenannte »Magus des Nordens«, Johann Georg Hamann. Er wurde in Königsberg geboren; und hier studierte er auch. Danach begab sich Hamann für einige Jahre nach Livland, auch nach London. Doch dann kehrte er, 1759, endgültig wieder nach Königsberg heim – wenn er sich auch hier zunächst lediglich als »Packhofmeister und Übersetzer bei der Zolldirektion« betätigen konnte. Doch er wurde von Kant gefördert und von Goethe hochgeschätzt.

Von diesem Hamann stammt auch ein Ausspruch, der heute noch alten Ostpreußen Tränen in die Augen treibt, sofern sie ihn überhaupt kennen. Er lautet: »Keine schönere Krankheit in meinen Augen als das Heimweh.«

Unter den Namen der »großen Ostpreußen« taucht auch sogar manchmal der von Andreas Schlüter auf. Dabei jedoch handelt es sich um einen jener bereitwilligen Irrtümer, denen großzügige Chronisten stets freudig erliegen. Allein das Denkmal König Friedrichs I., das vor dem Königsberger Schloßportal stand, war von diesem Schlüter – und es ist denn auch sehr eindrucksvoll gewesen.

Geboren jedoch wurde Andreas Schlüter im benachbarten Danzig, das eine stattliche Anzahl bedeutender Söhne der nicht nur deutschen Menschheit geschenkt hat: den Physiker Fahrenheit, den Kupferstecher Chodowiecki, den Philosophen Schopenhauer, die Dichter Halbe und Falk. Letztgenannter, sonst ein Satiriker, ist berühmt geworden durch einen einzigen Liedtext: »O du fröhliche...«

Ganz und gar aus Ostpreußen stammte aber ein Mann, der dann später »der schlesische Raffael« genannt wurde. Das nicht ganz berechtigt, obgleich er seine Meisterwerke »fern der Heimat« schuf. Denn geboren worden war dieser Maler Willmann, 1630, in Königsberg. Er hätte also genausogut »der Raffael Ostpreußens« genannt werden können.

Ein reiner Ostpreuße war der sehr deutsche »Freiheitssänger« Max von Schenkendorf gewesen, 1783 in Tilsit geboren – doch ab 1812 in Karlsruhe ansässig; und in Koblenz starb er. Einwandfreier

Ostpreuße der frühzeitig in Berlin lebende, dann zwischen Wien, Rom und Berlin einherpendelnde Kapellmeister und Komponist Otto Nicolai, dem die »Lustigen Weiber von Windsor« zu verdanken sind. Er gehörte zu den zahlreichen hochbegabten Königsbergern, die sich in Berlin ansiedelten – geboren 1810, gestorben 1849. Gleichfalls mehr Berliner, zwischendurch aber auch erklärter Münchner und Oberbayer, war der 1858 in Tapiau, also nicht in Elbing geborene Maler Lovis Corinth, einer der wenigen ganz Großen in der deutschen Kunst dieses Jahrhunderts.

Ein Ostpreuße ist dann sogar als einer der besten Kenner Roms weltweit bekannt geworden – der 1821 in Neidenburg geborene Gregorovius; ein Italienreisender von hoher Kultur und über zwanzig Jahre lang gewürdigter Bürger der Weltstadt am Tiber. Doch beigesetzt wurde er in Neidenburg, seinem Geburtsort. Damit ist er einer der ganz wenigen Großen unseres Landes gewesen, die dann wenigstens ihre letzte Ruhe in der Heimat gefunden hatten.

In Berlin starb, 1929, wohin er mit zwölf Jahren verschlagen worden war, gleichfalls ein Ostpreuße, einer aus Rastenburg. Er hieß Arno Holz und gehörte zu den maßgeblichen Mitbegründern des Naturalismus. Immerhin wurde ihm eine überaus seltene Ehre zuteil – die Universität Königsberg, die Albertina, ernannte ihn zum Doktor ehrenhalber. Und so was war einem großen Ostpreußen bisher in Ostpreußen noch nie passiert.

In Elbing, 1814, geboren und auch in Elbing, 1896, begraben – und allein deshalb schon eine seltene strahlende Ausnahme – wurde ein gewisser Ferdinand Schichau. Dieser Schichau war der Sohn eines Schlossers, wurde dann Schiffsbauer, später baute er Lokomotiven. Allein fing er an; doch bald schon beschäftigte er an die hundert Arbeiter, schließlich sogar fünftausend – für die damalige Zeit ein großartiger Unternehmer. Noch dazu einer mit sozialen Ambitionen.

Ostpreuße war der Segelflieger Ferdinand Schulz, dem bei Rossitten der erste, damals als weltbewegend sensationell empfundene Dauerflug von über acht Stunden gelang. Ostpreuße auch der Freiherr von Hünefeld, der mit Hauptmann Köhl und dem irischen

Major Fitzmaurice die erste Ost-West-Überquerung des Atlantiks unternahm. Aus Ostpreußen kamen ferner so unterschiedliche Begabungen wie Käthe Kollwitz, deren erschütternde Zeichnungen und Lithographien des Elends kennzeichnend für die Umwälzungen unseres Jahrhunderts geworden sind, aber auch ein Heymann, der leichtfingerige Komponist von »Das gibt's nur einmal«, und nicht zuletzt Paul Wegener, der schwergewichtige Schauspieler mit seinen unergründlich erscheinenden »ostischen«, fast schon asiatischen Gesichtszügen.

Dieser Paul Wegener ist allerdings eigentlich ein Westpreuße gewesen – immerhin gelangte er, glücklicherweise, bereits mit ganz jungen Jahren nach Ostpreußen, dort in die Stadt Rössel. Und als für ihn die Zeit gekommen war, seinen fünfzigsten Geburtstag zu feiern – da feierte er ihn nicht in Berlin, an der Stätte seiner größten Triumphe, sondern im Königsberger Schauspielhaus, dem Musentempel seiner Heimat. Hier spielte er Hebbels Meister Anton.

Vorübergehend in Ostpreußen Station gemacht haben nicht wenige große deutsche Geister. So konstruierte an der Universität in Königsberg Helmholtz seinen Augenspiegel. Im gleichen Königsberg schrieb Kleist seine Penthesilea. Und Eichendorff, damals in Ostpreußen Oberpräsidialrat, vermochte auch in diesem Lande seinem romantischen Gefühl Gestalt und Form zu geben. Auch einer der eindrucksvollsten Männer des 20. Juli 1944, Fritz-Dietlof Graf von der Schulenburg, hat in diesem Land seine »schönsten und glücklichsten Tage« verlebt und fühlte sich hier als Landrat »wie ein Stellvertreter des Königs von Preußen«.

Eichendorff lebte nicht etwa in diesem Land nur so romantisch träumend dahin – er betrieb vielmehr, und das sogar mit einiger Energie, den Wiederaufbau der Feste Marienburg. Zuletzt, in unseren Tagen, haben sich die Polen dieses Bauwerks angenommen – es strahlt jetzt dort wieder wie im alten Glanz. Nur eben nicht mehr für uns.

Aber es gab nicht nur großherzig anteilnehmende Gäste wie den Oberpräsidialrat Eichendorff oder den Landrat von der Schulenberg in unserem Land – einige kamen und wußten: dies ist meine

Welt! Und so etwa verwunderte es kaum jemand, wenn der Neuostpreuße Hansgeorg Buchholtz, ansonsten ein Lehrer, den vielleicht wundersamsten und wohl auch eindringlichsten Roman dieses Landes schrieb – mit dem Titel: »Der Dobnik«.

Und zu den zahllosen »Wahlostpreußen«, die hier ihre wahre Heimat fanden, gehörte Johannes Thienemann, ein Thüringer. Er kam 1902 nach Ostpreußen, um dann hier über drei Jahrzehnte zu bleiben und zu sterben – an einem einsamen Ort, an die vierundzwanzig Kilometer von der nächsten menschlichen Siedlung entfernt: der Vogelwarte Rossitten auf der Kurischen Nehrung. 1903 ließ dieser Professor Thienemann, später der »Vogelprofessor« genannt, hier im einsamsten Ostpreußen die erste beringte Krähe fliegen. Doch bald nahmen er und seine immer zahlreicher werdenden Mitarbeiter 163 000 Beringungen im Jahr vor, um den Vogelflug zu studieren.

Nur ganz wenige Menschen in Ostpreußen waren ihm jemals persönlich begegnet, doch überall im Lande war sein Name bekannt. »Er ist eine ostpreußische Gestalt«, hieß es von ihm.

24. Kapitel

# Was Leib und Seele zusammenhält

Hat's geschmeckt?
Ja.
Bist du satt?
Ja.
Willst du mehr?
Ja.
*Alltägliches Gespräch zwischen einer ostpreußischen Mutter und ihrem Sohn*

Wenn ich gesund bin, eß ich zwölf Keilchen, wenn ich krank bin, nur elf, aber das letzte muß dann besonders groß sein.

*Ein Ostpreuße*

Gistre noch frösch un gesund – on hiede schmeckt's all wedder.

*Ein Sprichwort*

Mochte man anderswo auch sagen: Essen und Trinken hält Leib und Seele zusammen, in Ostpreußen hätte es wohl heißen müssen: Wozu lebt der Mensch denn sonst? Denn die Mahlzeiten sind bei uns unbestrittene Höhepunkte des Daseins gewesen.

Dabei muß, allem Mißtrauen zum Trotz, festgestellt werden: es hat tatsächlich eine ostpreußische Küche gegeben – wie es eine französische, eine dalmatinische, eine römische Küche gibt. Das vielleicht solideste und vielseitigste deutsche Kochbuch, »das Doennig'sche«, ist in Ostpreußen entstanden. Und unsere Landsmännin Marion Lindt, eine praktisch veranlagte Poetin der Küche, hat eine erstaunliche Fülle von Spezialrezepten gesammelt – sie können, bei Gräfe und Unzer, dem ostpreußischsten aller Verlage erschienen, noch heute durch jede Buchhandlung bezogen werden.

Die ostpreußische Küche ist schwer, massiv und kraftvoll gewesen – nicht unähnlich den berauschenden betäubenden Weinen aus Burgund. Um alles das, was auf unseren Heimatherden produziert wurde, auch verdauen zu können, benötigte man eine kraftvolle Konstitution; und dazu freudige Genußbereitschaft – beides Vorzüge, die jeder Ostpreuße reichlich besaß.

Eine gewisse Verwandtschaft mit der polnischen, der litauischen und der russischen Küche war naturgemäß gegeben. So gehörte denn zu den wichtigsten Grundbestandteilen unserer Speisen die Sahne, auch Rahm und tiefer im Lande »Schmand« genannt; dazu geräucherter Speck und verschiedene Sorten von Fett, besonders Schweineschmalz, aber auch duftende, frischgeknetete Butter. Rezepte wurden von der Mutter auf die Tochter überliefert. In fast jeder Familie existierten schriftliche Unterlagen – in Briefen, in Heften, auf Zetteln. Daß meine Mutter selbst Gemüse zog, Obst erntete und Brot backen konnte, erschien uns als völlig selbstverständlich. Ostpreußen ist ein Land ohne Konservenbüchsen gewesen, doch randgefüllt mit Einmachtöpfen.

Bevorzugte Kräuter und Gewürze waren: Majoran – auch »Meiran« genannt – für Leberwurst, Erbsen und Rindsfleck unentbehrlich. Sodann Dill, für Sahnekartoffeln; und Kümmel, für das Brot. Dann aber: Kardamom! Das war Ostpreußens Festtagsgeruch, war idyllisches Weihnachten und endlose Freudentage. Wer auch heute noch irgendwo Kardamom riecht, muß ganz zwangsläufig an Ostpreußen denken, wenn er dort jemals wirklich hineingerochen hat.

Fische gab es bei uns in verschwenderischer Fülle – sie kamen aus Flüssen, Seen, dem Haff und der Ostsee. Fast jede mitteleuropäische Art gelangte mehrmals wöchentlich auf den Tisch – jeden Freitag bestimmt.

Eine erklärte Spezialität war die Maräne, die von Nikolaiken in Besonderheit, aber auch die vom Gilgenburger See – ein heringsartiger Fisch; um seine Größe zu kennzeichnen, jedoch eine Sorte Lachs. So eine Maräne frisch geräuchert, möglichst noch warm zu verzehren, galt zu Recht als einzigartiger Genuß. Nicht minder delikat, wenn auch ungleich robuster: die Cranzer Flundern – fetttriefende Breitfische; gleichfalls herzhaft geräuchert bevorzugt.

Zu den ostpreußischen Leibgerichten gehörten Aale. Auch diese: geräuchert. Zunächst jedoch mußten sie geschlachtet, ausgeblutet und ausgenommen sein. Danach wurden sie an Schnürsenkeln oder Drähten in einer »Räuchertonne« aufgehängt. Darüber kam ein nasser Sack. Dann ging es los.

Ein etwa zwei bis drei Meter langer Rauch- und Flammenzug mußte vorher gegraben werden. Verfeuert wurde dann alles, »was am Seeufer so an Brennbarem zu finden war«. Nach etwa drei Stunden waren diese Aale »goldgelb und butterweich«. Sie wurden meterweise verspeist.

Kartoffeln waren bei uns das Hauptgemüse – neben dem gebratenen »Klops«, einer Art Frikadelle, nur wesentlich fleischhaltiger, saftiger; und von ihnen behauptete denn auch der Volksmund: sie seien »das beste Rundgemüse«. Aber aus den Kartoffeln, der meistangebauten Frucht des Landes, konnten zahlreiche und immer möglichst umfangreiche Leckerbissen entstehen: so gab es einmal mehrfache Variationen von »Keilchen«, das waren kleine Klöße; die besten davon »bekrischelt«, also in der Pfanne gebraten, und zwar mit kleingeschnittenem Rauchspeck. Sodann: die »Plinsen« – anderswo Reibekuchen oder auch Puffer genannt – in Ostpreußen beliebt zu jeder Tageszeit, ebenso als Vor-, Zwischen- oder Nachspeise denkbar, aber auch als Hauptgericht und somit eine Sonderform von Eintopf.

Kartoffeln waren auch die Grundlage für das herrlich kräftige Bauernfrühstück – Pellkartoffeln allerdings; dazu zahlreiche Eier, mit Sahne verrührt; sodann Schinken und, wieder einmal mehr, Rauchspeck. Ohne Speck waren auch die dicken, schwerduftenden Erbsen nicht denkbar, wozu noch Schweinefleisch, stark geräuchert, kam. Und eben Majoran in verschwenderischer Fülle. Viel Ausdauer gehörte selbstverständlich dazu – beim Kochen wie beim Essen. Denn Erbsen mit Speck etwa waren ein sogenanntes »langes Gericht«; sie wurden nicht nur stundenlang zubereitet, sondern auch tagelang serviert.

Diese herrlichen »Erbsen mit Speck« waren bereits im 14. Jahrhundert eine Art ostpreußisches Nationalgericht – und damals haben sie denn auch sozusagen Geschichte gemacht. Denn mit ihnen wurde der Hufschmied von Osterode systematisch gefüttert, damit seine ansonsten schon gewaltigen Kräfte noch erheblich zunahmen. Denn der Gutsbesitzer von Warneinen hatte den Ratsherrn der Stadt, bei einem kräftigen Saufgelage, versteht sich, das Versprechen gegeben: wenn es jemandem gelänge, einen riesigen Grenzstein zu transportieren, so gehöre ihnen alles Land, das dieser Transporteur mit seiner gigantischen Last erschreite. Und der mit Speckerbsen zu letzter Leistungsfähigkeit hochgemästete Hufschmied schaffte tatsächlich etwa eine halbe Meile. Er hätte sicherlich noch mehr geschafft, doch der ergrimmte Gutsbesitzer zückte sein Schwert und »brachte ihm den Tod«. Immerhin hatte dieser sagenhafte Gewichtheber vorher ganz mächtig gespeist – das Sterben danach muß ihm dann nicht mehr gar zu schwer gefallen sein. Meinten seine Landsleute.

Und aus dem weit entlegenen Passau wurde, am Ende des 19. Jahrhunderts wohl, von einem zum Tode verurteilten Rebellen ostpreußischer Herkunft berichtet, der sich als Henkersmahlzeit »Plinsen« wünschte. »Aber wie zu Haus! Sonst mache ich nicht mit!« Noch auf dem Schafott soll er die fremde Küche verwünscht und »Mutters Kochkünste« klagend gewürdigt haben.

Und wohl nur eine waschechte Ostpreußin kann »Königsberger Klopse« oder »Königsberger Rindsfleck« kochen – wobei »Königsberg« nur ein schmückendes Beiwort war; denn Klops und Fleck gab es überall im Land. Dabei mußten die Klopse beißbar sein, aber dennoch wie auf der Zunge zergehen und zugleich intensiv nach Fleisch schmecken. Die Fleck mußte betörend duften, sich herunterschlingen lassen, doch dabei Gaumen und Zunge wonnig reiben. So was aber will gekonnt sein – doch die ostpreußischen Hausfrauen konnten das. Alle. Und weit mehr noch als das.

Das ostpreußische Marzipan etwa – wohl nur zum Unterschied vom »Lübecker« auch als »Königsberger Marzipan« bezeichnet – war weithin berühmt; und es wird auch heute noch von ehemaligen Königsberger Konditoren nach alten Rezepten und in gewohnter Qualität hergestellt, etwa von Ewald Liedtke in Hamburg.

Die Grundrezepte für Marzipan sind jedoch an sich kein Geheimnis. Einmal gehört dazu: pfundweise Mandeln, süße Mandeln, versteht sich; doch etwa vier bis fünf Prozent davon müssen bittere Mandeln sein. Sodann, in gleichen Pfundmengen, Puderzucker. Hierauf Rosenwasser – fünf Eßlöffel pro Pfund Puderzucker. Und dann ein Eiweiß, gleichfalls pro Pfund. Das alles wird gründlich, also stundenlang, geknetet, hierauf einen Tag stehengelassen, dann abermals geknetet, jedoch nicht mehr so intensiv – nunmehr dann: geformt und bei großer Hitze schnell gebacken.

Und dann das Brot! Dergleichen gab es nur dort und damals und niemals mehr wieder. Es wurde in vielen Gegenden ganz einfach und überaus treffend als »Hausbrot« bezeichnet. Denn obgleich es auf dem überall gültigen Prinzip herzhafter Einfachheit basierte, so schmeckte es doch in jedem Haus immer ein wenig anders – denn jede unserer Frauen schien auf sehr persönliche Feinheiten bedacht zu sein; letzte Zutaten blieben streng gehütete Familiengeheimnisse.

Dieses schwere, dunkle, verführerisch duftende Roggenbrot übte sogar auf uns Knaben, die wir ansonsten kaum jemals kulinarischen Freuden ergeben waren, eine geradezu magische Anziehungskraft aus. Die Ankündigung: »Meine Mutter backt morgen!« kam einer festen, verpflichtenden Verabredung gleich. Dann fanden wir uns alle ein, umstanden schnuppernd die noch dampfenden Brote und lechzten nach dem Augenblick, in dem sie angeschnitten wurden.

Das sind herrliche, unvergeßlich gefräßige Vorgänge gewesen – jede Magenverstimmung nahmen wir bereitwillig und wissend in Kauf. Zunächst verzehrten wir – ohne jede Zutat – die eigens für uns gebackenen Miniaturbrote, auch Fladen genannt. Dann kamen die Anschnitte der Großbrote. Diese wurden zerteilt und dann, abwechselnd, mal mit Butter, mal mit Marmelade bestrichen; schließlich mit beidem. Dann auch mit Schweineschmalz, das aber voller »Grieben« sein mußte. Frisches Brot bei uns – ein Festessen für Kinder!

Gut und reichlich, fett und herzhaft – das etwa war die Devise der soliden ostpreußischen Hausfrau. Und deren größte Freude: Gäste bewirten zu können, denen es schmeckte – bis ihnen der Atem auszugehen drohte. Und wieder und immer wieder wurde dann der Gast aufgefordert zuzugreifen. Das gehörte, unbedingt, mit zum Zeremoniell – es wurde »Nötigung« genannt.

Und deshalb konnte auch ein Ostpreuße – vermutlich nur ein einziger – zu Gast bei einem der alltäglichen Festessen geladen, danach würgend enttäuscht feststellen: »War ja alles ganz gut – aber zuwenig Nötigung.«

Doch derartig konzentrierte Mengen wollten verdaut werden. Dafür bot sich ein kleiner Erholungsschlaf ebenso an wie auch die tätige Liebe. Doch als weit wirksamer und auch als ungleich beliebter erwies sich der Alkohol als Magenmedizin. Dementsprechend lautete ein weitverbreitetes Sprichwort bei uns: »Vor jedem Schnaps e Schnaps und nach jedem Schnaps e Schnaps – so kommt man durch.« Durch die Mahlzeiten nämlich.

25. Kapitel

# Von den wahren geistigen Genüssen

Erbarmung! rief die Frau ihrem Mann zu, der mitten in der Nacht heimlich aufgestanden war, um noch einen Schnaps zu trinken.
Hierauf erklärte der Ertappte: Ach, Muttche – wo ich doch so fett geträumt habe!

Daß in Ostpreußen nicht getrunken, sondern gesoffen wurde, war eine weitverbreitete Behauptung. Sie stimmte; jedoch nur für die männlichen Bewohner des Landes. Und die waren stolz auf diese »Charaktereigenschaft«; denn so und nicht anders bezeichneten sie diese ihre Lieblingsbeschäftigung.

Die Frauen gönnten das ihren Männern nicht immer, ließen sie aber deshalb in Frieden – zumeist. Vermutlich hielten sie dieses Flüssigkeitsbedürfnis für eine Art Naturerscheinung. Und in gewisser Weise war es das auch.

Da waren einmal die kalten Winter – man mußte sich wärmen. Da gab es die heißen Sommer – und gegen den Durst mußte man was tun. Redete einer viel, mußte er sich die ausgetrocknete Kehle anfeuchten; redete er nichts, mußte er sich gleichfalls die Kehle feuchten. So gab es denn tausend und mehr Gründe, einen Schnaps zu trinken – und wenn überhaupt kein Grund vorlag, war das natürlich allein schon Grund genug.

Da trank einer und trank – nur um seiner Gesundheit willen, wie er feierlich erklärte; um nicht vergiftet zu werden und womöglich sterben zu müssen. Denn er sei einer Kreuzotter begegnet!

»Aber Mannche«, wurde ihm entgegnet, »die hat dich doch gar nicht gebissen!«

»Das ja nicht«, meinte der schwerzüngig, »aber sie hat mich ganz giftig angesehen.«

Getrunken wurden, von den normalen Leuten des Landes, bevorzugt hochprozentige Destillate, also Schnaps. Dazu Bier, aber das mußte nicht unbedingt sein – das vorzüglich gebraute Elbinger Bier etwa war kein alltägliches Getränk. Und Wein war in Ostpreußen Luxus.

Wein tranken Gutsbesitzer, aber auch nur einige von ihnen – und die wieder bevorzugten schwere Frankenweine oder Burgunder. Das berühmte »Blutgericht«, ein Weinlokal im Königsberger Schloß – unmittelbar unter den Räumen des Staatsarchivs gelegen –, diente mehr zu Repräsentationszwecken und wurde nur von wenigen Privilegierten aufgesucht.

Des ostpreußischen Mannes Leib- und Magentrank aber, sein Seelentröster und Herzenswärmer war, zu jeder Stunde, in jeder Jahreszeit, ein klares, scharfes Wässerchen – eben: der Schnaps. Auch Korn genannt. Kornus auch. In »aasigen« Mengen – »aasig« bedeutete: sehr viel, mächtig viel.

Gewöhnlich wurde dieser »Korn« gar nicht, wie sein Name fälschlich verkündete, aus Getreide gebrannt, sondern aus Kartoffeln. Auch in dieser Hinsicht erwies sich die Kartoffel als das ostpreußische Nationalgericht. Dennoch wurde, falls finanziell erschwinglich, Getreideschnaps bevorzugt – von ihm ließen sich ungleich größere Mengen vertragen.

Doch bei dem gewöhnlichen, dem simplen Schnaps blieb es zumeist nicht – denn in dieser Hinsicht liebten die Ostpreußen einige Abwechslung, und sie entwickelten auch dabei durchaus etliches an Phantasie. Sie laborierten gern. Und in diesem Zusammenhang kann durchaus von reichlich kühnem Erfindergeist gesprochen werden.

So wurde denn dieser Schnaps vermischt, gefiltert, durchtränkt, verkocht und eingebraut. Wacholder wurde hinzugefügt, oder Beerensaft oder Eigelb – aber auch Schilf, Kiefernnadeln oder Sahne. Endlose Variationen ergaben sich so.

Der Reichtum an Wacholdersträuchern, besonders in Masuren, blieb in dieser Hinsicht nicht ungenutzt. Dieser Wacholder – im

Lande auch »Kaddik« genannt – erreichte nicht selten die stattliche Höhe von zehn Metern. Der sogenannte »Kaddik-Schnaps« entstand daraus – er wurde für eine Art »Volksheilmittel« gehalten. Und auf diese schöne Weise etwas für seine Gesundheit zu tun, zögerte ein Ostpreuße niemals. In einigen Dörfern soll es sogar Kaddik-Bier gegeben haben, was durchaus denkbar ist – nichts, was die Ostpreußen ihrem Magen nicht zutrauten.

Und im Volke konnte denn auch ein schöner, ermunternder, weitverbreiteter Ausspruch vernommen werden, welcher da lautete: »Vor dem Holunder ziehe deinen Hut, aber vor dem Wacholder beuge dein Haupt und deine Knie!« Seinetwegen lagen sie dann auch unter so manchem Tisch – und das mit Wonne. Das Rezept für dieses »Kaddik-Bier« ist überliefert – und allein schon dessen Lektüre, so will es mir scheinen, macht besoffen. Es sieht so aus: auf zwanzig Liter kaltes Wasser kamen etwa acht bis zehn Pfund Wacholderbeeren; diese zerstampft oder durch eine Fleischmaschine getrieben – und diese Mischung mußte dann vierundzwanzig Stunden in einem Holzbottich wässern. Diese Brühe wurde hierauf durch ein Leinentuch gegossen, aufgekocht und entschäumt. Im lauwarmen Zustand wurde etwas Hefe hinzugefügt, aber auch Hopfenblüten, Zucker, Zimtrinde und etwas Nelken.

Das mußte man dann einige Tage – in Flaschen, aber unverschlossen, und möglichst auf steinernem Fußboden – gären lassen. Und dann: Prost! Daran gestorben soll niemand sein. Angebliche Kenner sprachen sogar von einer einzigartigen Delikatesse. Sie sei ihnen vergönnt.

Aus diesen Wacholderbäumen wurden auch Tabakpfeifen, Zigarrenspitzen und Peitschenstiele gefertigt. Auch galt Kaddik-Öl als hervorragendes Gesundheitsmittel. Wacholderzweige wurden in Fundamente eingemauert, Brautleute schmückten sich mit ihnen; und Fischer vermengten seine Nadeln mit Brot und benutzten das als Köder.

Zu einer gewissen Volkstümlichkeit brachte es bei uns die beliebte Vermischung von reinem Honig und fast reinem Alkohol. Dieses Getränk ist als »Bärenfang« auch heute noch bekannt, wenn auch überall von wesentlich geringerer Durchschlagskraft; denn ein Destillat so zwischen fünfzig und sechzig Prozent war damals normal. Einheimische nannten dieses Gebräu auch »Meschkinnes«. Nicht minder wirksam – selbst von der Weiblichkeit nicht verschmäht – war eine Mischung aus Alkohol und Bohnenkaffee. Das galt als besonders feinsinnige Komposition, denn sie verband das Geistige mit dem Erfrischenden. Name dafür: Masurenkaffee. Aber auch: Kurenkaffee, nach der Nehrung so benannt. Doch damit noch lange nicht genug der kraftvollen Kombinationen. Der sogenannte »Pillkaller« vereinigte Getränk mit Imbiß; denn er bestand aus Getreidekorn, einer dicken Scheibe Landleberwurst und einem »Klacks« Mostrich darauf. Und zum »Nikolaschka«, Branntwein oder Kognak als Basis, gehörte eine Zitronenscheibe und Kaffeepulver. Beim »Weißen mit Schlagbaum« wurde ein Würstchen serviert.

Schwer, hier aufzuhören. Und so leicht denn auch die Ostpreußen immer einen Grund zum Anfangen fanden – ein Ende zu finden fiel ihnen jedesmal ungemein schwer. »Was!« riefen die Zecher entsetzt, als sie aufgefordert wurden, Schluß zu machen. »Nach so viel auf einmal gar nuscht!«

Grog etwa war ein Getränk für besonders lange Winterabende. Eine Sorte davon hieß: Kirchenfenster – sie bestand aus funkelndem rotem Wein, goldbraunem Rum und quellklarem Aquavit. Auch hieß es: »Auffüllen – bis zu den Kirchenfenstern!« »Eiergrog«, mit Zucker, Milch und vier Eigelb pro Glas, war mehr für Damen bestimmt oder für ganz Schwerkranke.

»Herrche!« rief ein Kutscher in die Gaststube hinein. »Die Pferde haben sich satt gesoffen – sind Se auch all soweit?«

26. Kapitel

# Die Tiere des Hauses

Oock bön dagege, ook ohne Gründe.

*Ein ostpreußisches Gemeinderatsmitglied*

Wenn eene Kuh den Zagel häwt, so häwe se em alle.

*Sprichwort des Landes*

»Immer muß man dich ausschimpfen«, sagte der Vater zu seinem Sohn. »Sei unbesorgt«, sagte der. »Da mach ich mir nuscht draus.«

Sie sind nicht und niemals einwandfrei zu bestimmen, diese Ostpreußen, wie etwa eine Pflanzenart. Sie entziehen sich jeder mathematischen Berechnung. Es gab so 'ne und solche, diese und jene, andere und noch ganz andere. Aber sie alle legten Wert darauf, gemeinsam als Ostpreußen bezeichnet zu werden.

Ein Dummkopf etwa wurde in der einen Gegend »Dammelskopp« genannt, in einer anderen »Dammlack«, anderswo »Glumskopp«. Aber dann auch wieder ganz einfach: Dummkopf. Es gab den »Jargon«, den Dialekt; und es gab ihn dann auch wieder nicht.

In Ostpreußen konnte ein Kind gefragt werden: »Wie heißt du?« Doch es konnte auch gefragt werden: »Wem's bist du?« So was hört sich originell an, war denn auch tatsächlich nur in Ostpreußen zu hören, nirgendwo anders sonst – aber eben auch in Ostpreußen nicht allerorten.

Ein ostpreußisches Kind konnte »altklug« erscheinen, aber auch »altbacksch«, was von alten Brötchen abgeleitet wurde. Ein Gassenjunge in Königsberg wurde »Bowke« genannt; ein Lümmel auf dem Lande hieß »Labommel« – und überall gab es den »Lorbaß« und das »Marjellchen«; das sogar in nahezu dialektfreien Gegenden, wie etwa in einigen Städten des Oberlandes.

»Kinder«, sagte der Lehrer ermahnend, »ihr müßt nicht sagen: Katzchen, Hundchen, Schweinchen!« Hierauf eins dieser Kinder: »Ei, Herr Lehrer, und wie ist das mit den Kaninchen?«

Gegen Kinder ist immer schon schwer anzukommmen gewesen. Sie hatten, auch in Ostpreußen, ihre ureigene Logik. Und unvergeßlich wird mir, der ich ansonsten nicht sonderlich viel Sinn für »Witze« zu entwickeln vermag, eine Geschichte bleiben, die ich für außerordentlich typisch für die Menschen, für die Kinder meines Landes halte.

Sie geht so: Ein Lehrer versucht seinen Schülern begreiflich zu machen, was der auffallende Unterschied zwischen einem Pferd und einem Esel sei. Die Ohren nämlich! Er fragte und fragte. Und er bekam keine ausreichende Auskunft. Schließlich hielt er sich die langgestreckten Hände an die Ohren und wollte nun dringend wissen: »Na – was hat denn der Esel am Kopf?«

»Die Hände, Herr Lehrer!« ertönte es erleichtert im Chor. »Die Hände!«

Bei den Tieren kannten sich die Ostpreußen aus – auch wenn nicht gerade bei Eseln, denn die gab es dort nicht. Die Tiere jedoch, mit denen sie lebten, die wurden von ihnen nicht selten geliebt. Oft schien es, als sei Mensch und Tier eine unauflösbare Einheit. Die fast übermächtige Naturnähe besonders der ländlichen Ostpreußen zeigte sich hier am deutlichsten – auch ihre Sprache, ihre Sprichwörter, ihre Scherze beschäftigten sich bemerkenswert intensiv mit den Tieren.

Kein ostpreußischer Dichter – auf Ehre, nicht ein einziger –, der nicht eine tiefe, ausgeprägte Zuneigung zur Kreatur empfunden hätte. Als ein »Schrei zu Gott, weit über das Land« wurde in einer Dichtung das Wiehern der Trakehner Pferde bezeichnet. Die Liebe des Herrn von Sanden, die er den Vögeln seines Guja-Sees entgegenbrachte, hat zu ergreifenden Naturschilderungen geführt. Und keine Geringere als Agnes Miegel beschäftigte sich, voll zärtlichem, fraulichem Verständnis, mit der göttlichen Ergebenheit von Kühen.

»Von unserem Rindvieh«, kommentierte dann auch prompt ein Gutsbesitzer, »versteht sie mehr als von ihrem Hitler.«

Herzbewegend die Geschichte von jenem ostpreußischen Bauern, der geflohen war, als der Krieg über sein Land hereinbrach, der dann aber wieder, wie getrieben, zurückzukehren versuchte – zu seinem Vieh. Er kam nicht bis dorthin. Doch er hörte die Tiere durch die Nacht brüllen – ungefüttert, ungemolken, von Schmerzen durchzittert. Das überlebte er nicht.

Nicht etwa, daß jemals ein Ostpreuße auf die Idee gekommen wäre, seine Tiere zu vermenschlichen oder gar zu verniedlichen. Fest stand nur, daß er mit ihnen lebte, daß sie also zu ihm gehörten – was praktisch bedeutet: er fühlte sich, zutiefst, für sie verantwortlich. Sie waren ein Teil seines Daseins.

So kamen denn Tierquälereien in diesem Lande außerordentlich selten vor – und wenn sie vorkamen, wurden sie unverzüglich unterbunden. Das zumeist mit handfesten Methoden. Wer sein Pferd prügelte, der wurde auch geprügelt. Wer seinen Hund hungern ließ, dem wurde kein Schnaps spendiert. Kühe und Kinder hatten ein Anrecht darauf, hilflos und dämlich zu sein.

Ostpreußen darf – trotz seiner zahlreichen, stattlichen Güter – dennoch als kleinbäuerliches Land bezeichnet werden. Wohl waren die Rittergutsbesitzer tonangebend und einflußreich, aber doch wohl kaum mehr als eine lautstarke Minderheit. Fast still, aber beherrschend waren vielmehr die Bauern – zumeist kleine und mittlere, kaum jemals standen ihnen größere Flächen zur Verfügung. Sie besaßen, im Durchschnitt, etwa einhundert bis dreihundert Morgen. So ein »Morgen« war »ein älteres«, aber immer noch gebräuchliches Flächenmaß und bedeutete »im Bereich von Preußen« genau: 25,532 a. Dieses »a« war gleich »ar« und besagte: einhundert Quadratmeter.

Darauf bauten sie bevorzugt Kartoffeln an – selbst in schlechteren Jahren ernteten sie 100 bis 120 Zentner pro Morgen. Roggen, Gerste und Hafer kamen hinzu, auch Klee. Aber auch Runkeln, Wrukken und Zuckerrüben. Milch war eine regelmäßige Einnahmequelle – daß der Wasserverbrauch im Lande am höchsten bei der zum Verkauf bestimmten Milch gewesen sein soll, darf als Verleumdung gelten. Jeder dieser Bauern besaß auch einige Pferde, etwa drei bis acht. Erfolgreiche Zuchtbullen gaben weithin beachtete Gastspiele.

Zu fast jedem dieser mittleren Bauernhöfe gehörten ein Melker, zwei bis drei sogenannte »Instmänner«, eine Art spezialisierter Knechte, sodann die vielseitig ausnutzbaren »Freiarbeiter« – viele davon kamen aus Polen und waren im Lande als solide, verläßliche und auch anspruchslose Arbeitskräfte ungemein geschätzt. Sie sind nicht zu verwechseln mit den alljährlichen Invasionen polnischer Saisonarbeiter, die besonders während der Kartoffelernte die Güter bevölkerten und die Gendarme regelmäßig um ihren Schlaf brachten.

Frauen halfen selbstverständlich mit – die Frau des Bauern in vorbildlicher Tätigkeit; fast alle standen ihren Mann. Auch »Mädchen« gehörten dazu – für die Hühner etwa und das Haus, manchmal auch für die Schweine. Doch nur, um sie zu füttern – den Dreck wegzuräumen, war grundsätzlich Männersache.

Zwei Drittel dieses Bauernlandes etwa war »unter Pflug«, das restliche Drittel bestand zumeist aus Weide oder Wald. Um etwa ein Schwein im ersten Drittel unseres ostpreußischen Jahrhunderts auf 2,50 Zentner hochzumästen, waren 15 bis 20 Zentner Kartoffeln und 5 bis 6 Zentner Getreideschrot notwendig. Doch derartige Mengen schien man im Lande den Tieren durchaus zu gönnen – besonders intensive Klagen in dieser Hinsicht waren von kleinen und mittleren Bauern kaum zu vernehmen. Auch auf diesem Sektor waren die Güter tonangebend. Doch dort wie hier: Tiere wurden immer gut behandelt.

Dennoch sind einige wenige Ostpreußen leidenschaftliche und höchst erfolgreiche Jäger gewesen. Einer von ihnen berichtete stolz: »Meine größte Strecke hatte ich im Jahre 1913; sie betrug dreihundertachtzig Hasen.« So was jedoch vermochte keinem bewußt lebenden Landsmann zu imponieren.

Als einer von ihnen einen solchen Weidmann glatt mit einem Pferdefuhrwerk überfuhr, sagte er, durchaus glaubhaft, zu seiner

Verteidigung: »Aber das ist doch gar kein Mensch gewesen – nur ein Jäger!« Für ihn waren die Tiere, wie für nicht wenige andere Landsleute auch, Mitbewohner und Weggefährten – man paßte sich ihnen an.

Nicht zufällig schienen daher auch leidenschaftliche Reiterdamen, von denen es bei uns gar nicht wenige gab, wahre Pferdegesichter zu besitzen – und das brachte ihnen nicht selten hohe Anerkennung ein. Als die Gräfin D. ihrem Schimmel ein fast pompöses Begräbnis angedeihen ließ, wuchs ihre Beliebtheit ungemein. »Die hat noch Gefühle!« hieß es von ihr.

Alle Tiere hatten bei uns Namen; auch Enten und Gänse; bei Hühnern jedoch meistens nur die Hähne. Hatte etwa ein Gutsbesitzer sämtliche Musen in seinem Stall, dazu zahlreiche Gestalten der griechischen Heldensage, machten ihm prompt die Bauern in der Umgebung erfindungsreich deutschnationale Konkurrenz – sie benannten Kühe nach Staatsmännern, Schafe nach Dichtern. Und der beste Bulle in unserer Gegend hieß Kant; was nicht gerade logisch war, aber sicher gutgemeint. Auch mit Humor hatte das einiges zu tun.

»Wo ist dein Vater?« fragte ein Fremder einen Jungen. »Drüben im Schweinestall«, gab der bereitwillig Auskunft. »Den können Sie gleich erkennen, der hat e Mütz auffem Kopf.«

Kinder und Tiere waren bei uns einander zugetan. Selbst das sonst so scheue Rindvieh schreckte nicht zurück – nahm Süßigkeiten vertrauensvoll entgegen, leckte mit rauher Zunge die ihm entgegengestreckte Hand, das sich anlehnende Gesicht. Ein großes Glücksgefühl breitete sich aus.

Staunenerregend auch »der Marsch der Gänse« – er fand, bis zum Ende des vergangenen Jahrhunderts, regelmäßig statt: Polen trieben im Süden, über die Grenze kommend, wie endlos erscheinende, weißbefiederte Heerscharen vor sich hin – zottige, schwarzbraune Hunde umkreisten sie. Irgendeine Bahnstation war vermutlich das Ziel. Doch bevor sie das erreichten, stürzten sie sich über unsere Teiche – schnatternd, gurgelnd, wonnevoll schreiend. Es war dann, als wäre diese Welt nichts wie ein Badefest der Kreatur.

Was immer auch bei uns lebte – einmal mußte es sterben. Die Menschen wie das Vieh. Aber bis dahin sollten sie leben – ob nun in der Stube oder im Stall. Der Mensch half dem Tier; solange sie zu leben hatten. Wurde ein Fest gefeiert, war auch den Tieren eine Sonderration sicher – und auch ihnen wurde, in so manchem Stall oder im Freien, zur Weihnachtszeit ein Lichterbaum angezündet.

Als wir einmal, nur einmal, unbekümmert und unbedenklich, wie junge Burschen leider sind, nachzuprüfen versuchten, ob eine Katze tatsächlich immer wieder auf die Beine fällt, wurde der Besitzer unserer Experimentierkatze unverzüglich alarmiert. Ihm war gesagt worden: wir hätten es gewagt, seine Katze aus dem oberen Kirchenfenster zu werfen. Was denn, leider, auch stimmte. Doch der Besitzer dieser Katze, ansonsten ein rüder Saufsack, eilte herbei, barg das zitternde Tier in seinen Armen, musterte uns lange und sagte dann völlig überzeugt: »Nein – das glaube ich nicht! So was gibt es bei uns nicht!«

Wir schämten uns danach in Grund und Boden. Wir gingen wortlos auseinander und begannen zu begreifen, daß bei uns auch ein Tier nicht nur Lebensrecht besaß, sondern sogar ein Hausrecht. Es gehörte zu uns – wie Bruder und Schwester. Wir alle, mit ihnen, bildeten eine große Familie.

Wir, und nur wir in Ostpreußen, wußten denn auch, wer »der oder die Smorra« war – ein scheußlich verfilztes, verknorrtes, tierquälerisches Wesen. Er verschmähte auch Menschen nicht und verursachte ihnen Alpdrücke. Doch zumeist hockte sich der oder eben die Smorra auf Pferde und verknotete ihre Mähnen.

So was vermochte nicht wenige tief zu beunruhigen. Denn sie liebten ihre Tiere und sorgten sich um sie. In der Silvesternacht, so glaubten sie, konnten diese ihre Tiere sprechen. Sie gaben ihnen dann ungesäuertes Brot.

Doch dieses Brot – und darauf kam es an – war geformt. War eine Nachbildung von Tieren. Und jedes dieser Tiere bekam seine ureigene Form vorgesetzt. Kühe etwa verzehrten aus Brot gebackene Kühe. Sie muhten dann, so wird berichtet, genußvoll und geradezu glücklich vor sich hin.

Gar nicht selten, so erkannten wir alsbald, schien daher der Hund wie sein Herr zu blicken oder zu blinzeln. Reitpferde sahen wie Gutsbesitzer aus oder eben wie edelsteinharte Damen. Und ein Bauer rief seinem Schaf zu: »Ich kann dich nicht schlachten – du hast Augen wie meine Frau, als die noch jung war.«

Als eine Kuh kalben sollte, aber nicht kalben konnte, schlief der Bauer besorgt bei ihr im Stall, im Stroh. Und ein Nachbar sagte lapidar: »Na, Mensch, wenn se dich da hinten liegen sieht, dann denkt se, se hätt all gekalbt.«

27. Kapitel

# Das holde Weibliche und die Folgen

Ach Gottche, jetzt bringen sie ihn!
*Weibliche Stimme in einer Kirche,*
*als der Förster, ein alter Junggeselle,*
*zur Trauung schritt*

Wer will, mag einsam bleiben!
Des armen Lebens Ziel
ist dennoch: sich beweiben!
*Simon Dach*

Wo verrichten Sie denn Ihre Notdurft?
fragte ein Inspektor.
Nu – je nach Windrichtung.
Und wie ist es mit den Nachkommen?
Na – wie sich das gerade so ergibt.

Die Liebe konnte auch in Ostpreußen ein Problem sein – sie war das wahrlich nicht immer, doch gelegentlich durchaus. Das kam von den Unberechenbarkeiten des Daseins. »Jede Frau ist anders«, hieß es bei uns, »nur die Machart ist immer dieselbe.«

Was diese »Machart« betraf, so wußte ziemlich jeder, worum es sich handelte. Und das nicht nur ausreichend genau, sondern auch bemerkenswert frühzeitig. Das ergab sich eben so.

Das, was gemeinhin »sexuelle Aufklärung« genannt wird, ist in Ostpreußen niemals notwendig gewesen – das lieferte uns der Alltag; und das noch dazu in verschwenderischer Fülle. Wir sahen, gerade dem Säuglingsalter entwachsen, rund um uns herum Kaninchen eifrig rammeln, Böcke heftig springen und Bullen kraftvoll Kühe besteigen.

»So ist die Natur nun mal eingerichtet«, hieß es dann. »Irgendwo muß ja der Nachwuchs schließlich herkommen – und so was nennt man Machart; die selbstverständlichste Sache von der Welt.«

Wahrlich, nichts konnte selbstverständlicher sein als dies. Bereits in jungen Jahren sahen wir das ein. Anderswo, besonders in den großen Städten, die sich die Natur fleißig wegbetoniert haben, mochte es Jugendliche geben, die sich mit schlüpfrig erscheinenden Entwicklungsproblemen abzuquälen hatten – bei uns in Ostpreußen gab es das nicht. Zumindest in dieser Hinsicht lebten wir in einem sehr aufgeklärten Lande.

So nahmen wir etwa heftigen Anteil an dem großen, alle Dorfbewohner monatelang bewegenden Konkurrenzkampf, den sich die Bauern Simoneit und Luschkat lieferten. Denn jeder von ihnen behauptete, den besseren Deckhengst zu besitzen. Das zu beweisen, waren sie bereit. Vor aller Öffentlichkeit.

Wir Kinder gehörten, völlig selbstverständlich, dazu. Wir fanden uns ein, beobachteten genau und gaben, oft geradezu fachmännisch, unser Urteil ab. Der Hengst des Simoneit war unser Favorit – er stieg schneller, wirkte gewaltiger und überzeugend erschöpfender zugleich. Keine Stute konnte sich glücklicher fühlen als unter ihm. Das erkannten wir – und das überzeugende Resultat zeigte sich dann später auch: das so gezeugte Fohlen besaß Feuer, Farbe und Grazie.

Doch selbst bei soviel angesammelter Sachkenntnis blieb die Lösung letzter persönlicher Probleme jedem selbst überlassen. Merkwürdigerweise verführte dieses reichliche Spezialwissen kaum jemals zu frühzeitigen Praktiken. Die Ostpreußen ließen sich auch in dieser Hinsicht, so darf vermutet werden, durchaus Zeit. Sie pflegten eben nichts zu überstürzen, aber das, was sie dann taten, auch recht gründlich zu tun.

Hinzu kam, daß womögliche vorzeitige Versuche fast mit Sicherheit zum Scheitern verurteilt waren. Das lag an den ostpreußischen Frauen. Nicht nur, daß die es gar nicht sonderlich eilig hatten – sie besaßen vielmehr, weit darüber hinaus, eine ausgeprägte Zurückhaltung. Man kann sie auch als Sittsamkeit bezeichnen, ohne sonderlich zu übertreiben.

Diese mögliche Tugend war einer weitverbreiteten Untugend zu verdanken. Denn die ostpreußischen Männer hatten immer wieder versucht, sich eine geradezu exklusive männliche Welt aufzubauen. Das gelang ihnen nur teilweise – etwa im Gasthaus, bei der Jagd und in den zahllosen Krieger- und Feuerwehrvereinen.

Doch die Familie war und blieb immer das stärkste Element im Leben eines Ostpreußen. Denn dort befand sich der Herd; und den beherrschte die Frau ganz. Wollte also der Mann feiern, dann konnte er ganz einfach auf die Mitwirkung der weiblichen Wesen nicht verzichten. Und sein starkes Gerechtigkeitsgefühl gebot es ihm dann auch, diese für ihn lebenswichtigen Leistungen – und nicht nur die in der Küche – anzuerkennen.

»Ach du lieber Gott!« rief ein Ostpreuße im Gasthaus erschreckt, wo er sich zum sonntäglichen Morgengetränk eingefunden hatte – im Anschluß an den Kirchgang. »Wenn ich mich nicht spute, komme ich zum Mittagessen zu spät.«

»Aber Mannche«, meinten seine Saufbrüder gemütlich, »nur keinen Lärm – wegen fünf Minuten!«

Worauf der ausrief: »Wenn meiner Alten der Braten anbrennt, verzeiht sie mir das nie!«

Was gar nicht so abwegig war. Denn in einem Punkt, dem für ihn wesentlichen, war jeder Ostpreuße seiner Frau geradezu hörig – gutes Essen war gleichbedeutend mit schönster ehelicher Harmonie. Und der Sonntagsbraten war der Höhepunkt davon. Die denkbar mächtigsten Gunstbezeugungen ergaben sich daraus.

Im Warglitter Jungmädchenheim etwa waren – noch zu meiner Zeit – die geforderten Leistungsprüfungen überaus typisch für die erhofften Fähigkeiten einer ostpreußischen Hausfrau. Dort waren drei Grundaufgaben obligatorisch: ein Huhn ausnehmen, ein Hefestück anmachen, eine Gemüsesuppe kochen. Dazu kam Waschen, Bügeln, ein Gluckennest anfertigen, Fenster putzen und Brot backen. Denkbar prächtige hausfrauliche Weibsbilder entstanden so.

Darum wurden bei uns die Frauen, zumeist, mit großer Achtung behandelt. Und nicht zufällig handelte es sich bei dem vielgesungenen Lied vom »Ännchen von Tharau« um ein geradezu goldiges, treues, anständiges, einfaches, herzallerliebstes Marjellchen. Daß sie noch dazu prächtig kochen konnte, wurde stillschweigend vorausgesetzt. Und die zur Ballade gewordenen »Frauen von Nidden« waren gleichfalls ungemein verläßlich und treu, bis in den Tod, dazu streng, einfach und erhaben.

Der Ostpreuße, der ansonsten jeden Scherz ertrug, auch über sich – duldete jedoch keinen, auch nicht die Andeutung davon, über seine Frau. Einem Engländer mochte das Heim eine Burg sein, für den Ostpreußen war es eine uneinnehmbare Festung.

So waren denn auch irgendwelche »Schweinereien«, in Gegenwart von Frauen, einfach undenkbar. Das aber konnte manchmal sogar zu recht kuriosen Details führen. So wird wiederholt berichtet, daß der Name eines bestimmten Flusses »in Anwesenheit von Damen« niemals ausgesprochen wurde – er hieß: Pissa. Die Damen selbst sagten, wenn sie ihn bezeichnen mußten, leicht gedämpft: das »Flüßchen«.

Dieses »Flüßchens« wegen soll es sogar zu einem Schreiben an den »allergnädigsten Landesherrn« gekommen sein, mit der ebenso untertänigen wie dringlichen Bitte, hier doch eine Namensänderung zu genehmigen. Und der damals amtierende preußische König, es ist Friedrich Wilhelm II. gewesen, soll an den Rand dieser Eingabe geschrieben haben: »Schlage vor – Urinoco.«

Dieses Vorkommnis beherrschte noch jahrzehntelang ostpreußische Gemüter. So etwa erzählte Dr. Kowalski, einer meiner Lehrer, gern augenzwinkernd folgendes von einem seiner Kollegen. Der hatte gesagt, und das in der besonders breiten Mundart der Memelländer: »Wissen Se, diese feinen Damen in Gumbinnen sagen nich' Pissa, sondern Flüßchen! Und nun wollen se sogar die Pissa in Pregel umtaufen. Na, dann müssen wir denn wohl auch den Namen für diese Tätigkeit ändern – gehen wir also mal pregeln!«

Die Mädchen waren genau wie ihre Mütter – sie ähnelten ihnen nicht nur äußerlich, sie konnten auch wie sie kochen; das gehörte, als wichtiger Bestandteil, mit zu ihrer Aussteuer. Und sie wurden scharf bewacht und das gleichfalls von ihren Müttern, die sich von ihnen erst nach der kirchlichen Trauung trennten.

Zur Hebung der allgemeinen Sittlichkeit trug auch die Übersichtlichkeit der gegebenen Verhältnisse bei – zumindest in den Dörfern und Kleinstädten, also in neunzig Prozent von Ostpreußen, wußte jeder von jedem ziemlich genau, was er getan oder unterlassen hatte, auch mit wem oder wo und unter welchen Umständen. Leichte Mädchen waren bekannt wie bunte Hunde – die aber besaßen in Ostpreußen ausgesprochenen Seltenheitswert und konnten nur zu Liebhaberpreisen erworben werden. Dafür aber Geld auszugeben, widersprach dem ausgeprägten Sinn unserer Landsleute für Realitäten.

Sie konnten rechnen – und das brachten sie den Kindern bei. Sie erörterten frühzeitig, wer für wen in Frage kam. Möglichst alles mußte »stimmen«, nicht zuletzt die Mitgift – auch die gehörte zur Liebe. Nicht zufällig war denn auch Ostpreußen das Land mit der weitaus geringsten Zahl unehelicher Kinder.

So brauchte denn bei uns alles seine Zeit, fand alles seine gutgewachsene Ordnung. Was Sexualität genannt werden könnte, bestimmten bei uns in erster Linie die Frauen. Sie gaben das natürlich niemals offen zu, und es wurde ihnen auch nicht bestätigt – doch es war wohl so. Sie wußten erstaunlich genau, was sie wollten – und das hatten sie auch nötig, bei diesen männlichen Männern. Und schließlich, wenn auch erst am Ende eines gemeinsamen Lebens, setzten sie sich fast immer durch.

Alleiniger Hausherr im Hause meines Großvaters schien unsere Großmutter zu sein. Sie allein bestimmte, was zu geschehen hatte, was getrunken wurde, was auf den Tisch kam, sogar wer neben wem zu sitzen hatte.

»Und das läßt du dir gefallen?« fragte eines Tages ein angehender Schwiegersohn meinen Großvater.

»Sie fragt mich immer vorher«, meinte der augenzwinkernd. »Und meistens fragt sie mich: bist du etwa dagegen? Aber wogegen sagt sie nicht.«

»Die alten Weiber bei uns«, hieß es daher, und das weit zutreffender, als zu vermuten war, »sehen aus wie Männer und die alten Männer wie Weiber.« Was gar nicht wenig mit der sogenannten Liebe zu tun hatte.

28. Kapitel

# Wölfe gehören mit dazu

Schlechter Boden!
*Ein Ostpreuße beim Anblick von Bad Gastein*

»Gehörst du zu Osterode?«
»Nein.«
»Na fein, wie sich das trifft – ich nämlich auch nicht. Das müssen wir feiern!«
*Gespräch auf einem Ostpreußentreffen*

Die Ostpreußen? Ist das eine Lebensversicherung?
*Ein Kind unserer Zeit*

Eine Lebensversicherungsgesellschaft mit dem Namen »Die Ostpreußische« soll es tatsächlich gegeben haben. Möglich durchaus, daß sie gegen Feuer versichert hat, gegen Hagel und Blitzschlag. Vermutlich existiert sie jetzt nicht mehr – wie vieles andere auch, das einst den geliebten Namen Ostpreußen getragen hat.

Es ist – auf kleinem Raum, bei geringer Bevölkerung – dennoch ein Land der Fülle gewesen, der Lebensfreude und der Todesnähe, der langen Feste und der großen Nachdenklichkeit. Und die Natur hüllte uns ein, wie in einen dichten Mantel.

»Wolken sind unsere Berge«, sagten die Menschen in Ostpreußen. Und sie sagten auch: »Himmel und Erde sind bei uns eins.« Das in Besonderheit dann, wenn die Winterstürme dichte Schleier aus Schnee aufwirbeln ließen – wenn es »stiemte«.

In diesen langen Wintern kam der Mensch Gott nahe – und oft war es dann, als versuche er in ihn hineinzukriechen. Wie die Tiere der freien Wildbahn, die bei Unwettern ihre letzte Scheu verlieren und sich an den Menschen drängen – sie hatten keine andere Wahl, als ihm vorbehaltlos zu vertrauen.

Die dunklen Winter waren niemals und nirgendwo bei uns völlig frei von Angst. Die Menschen rückten dann noch näher aneinander, sie schlossen sich ab, sie igelten sich ein. Sie tranken und sie aßen, sie beteten zu Gott und feierten ihre Feste dennoch.

Mochte in Königsberg, wie Chronisten berichten, »ein naßkalter, halbdunkler, ungemütlicher Stadtwinter« geherrscht haben – nur wenige Kilometer weiter, auf der Nehrung, konnte man »einen heroischen Nordlandwinter« erleben, mit klirrender Kälte, bis an die vierzig Grad, mit den schwirrenden Äxten der Fischer, die ihre Wunen schlugen, sobald das Wetter es erlaubte – und sie durchschlugen eine Eisdecke, die manchmal mehr als siebzig Zentimeter dick war.

In Masuren und im Oberland wurden dann sogenannte »Eisfeste« gefeiert. Die Besucher strömten von allen Seiten herbei – was heißt: sie kamen mit ihren Schlitten über die zugefrorenen Seen, Teiche, Flüsse und Gräben. Normaltemperaturen dabei: 25 Grad minus – oder auch etliche darunter. Doch wärmende Getränke waren stets reichlich vorhanden. Dazu gab es Eiskonzert.

Auch das Militär, so wird berichtet, bemühte sich nicht nur, derartige Volksvergnügungen zu unterstützen, es organisierte sie sogar. Ein Oberst Rummelsbacher durfte sich in dieser Hinsicht des besonderen Wohlwollens seiner Mitbürger erfreuen; er ließ Eistanzflächen herrichten, Rodelbahnen bauen und Feldküchen anrollen. In ihnen wurden – und wie könnte es denn wohl anders sein? – Erbsen mit Speck gekocht. Jedenfalls: »Gefroren hat niemand!« bezeugten die begeisterten Chronisten.

Doch in den Wäldern im Süden des Landes heulten hungrige Wölfe.

Und im Grunde waren diese langen, bedrückenden Winternächte wie eine ständige Mahnung an das große Sterben. Sie wurde gottergeben hingenommen. »Es muß ja mal sein«, hieß es dann.

Und als es tatsächlich kam, dieses große, unvermeidliche Sterben, da schien es, als habe jeder Ostpreuße es kommen sehen. Ein Teil der eigenen Landsleute war zu Wölfen geworden. Der stattliche andere Teil ergab sich, mit fast schweigender Selbstverständlichkeit, in sein Schicksal. Menschen wurden zu Herden, die dann verstummt vor dem großen Feuer flohen, das einige von ihnen mit angezündet hatten.

Dieses Land, so hatte es immer wieder geheißen, war Grenzland – somit stets bedroht. Seine Geschichte, so war weiterhin intensiv behauptet worden, sei voller Kämpfe und Blutvergießen gewesen – was nicht ganz stimmte, aber doch gerne geglaubt wurde. Eine lauernde Unruhe wucherte so in unseren Menschen, und sie wurde nicht selten zu einem schnellen Alibi für wenige voreilige Patrioten, bei deren Manipulationen der bedrückende Wintertraum in ein quälendes Weltanschauungstrauma ausartete.

Als die ersten Russen kamen, erst vom Großen Friedrich, dann von Napoleon herbeigelockt, war es, als hätten sie Ostpreußen lediglich einen Besuch abstatten wollen. Ihre Soldaten wurden als gemütlich geschildert, und einige ihrer Offiziere nutzten bekanntlich die günstige Gelegenheit, Kant zu studieren. Sie schieden von uns, so hieß es, wie Freunde.

Als die Russen zum zweiten Male kamen, im Ersten Weltkrieg, trugen sie bereits, wie magisch angezogen, den brennenden, blutigen Krieg in unser Land. Aber ihr bemühter Versuch, sich dennoch ritterlich zu benehmen, wurde in Berichten von Augenzeugen vielfach gerühmt – diese Russen hätten, so hieß es, Frauen kaum angetastet und sogar Pferde und Futter mit Goldrubeln bezahlt. Dennoch wurden bereits zahlreiche Scheußlichkeiten registriert.

Dann hatte am 11. Juli 1920 die große Volksabstimmung stattgefunden. Ostpreußen konnte sich frei entscheiden, ob es zu Deutschland oder zu Polen gehören wolle. Es entschied sich, mit 97,7 Prozent – unter internationaler Kontrolle –, für Deutschland.

Lediglich im Ermland, in Osterode und in Allenstein waren einige polnische Stimmanteile zu verzeichnen. Doch selbst diese waren, sogar für Kenner der Verhältnisse, bestaunenswert gering. So gering sogar, daß selbst bewußt nationale Chronisten ehrlich zugaben, daß »ein erheblicher Teil der polnischen Bevölkerung für Ostpreußen gestimmt haben muß«. Sie hatten sich dazugehörig gefühlt – anders ist das nicht zu erklären.

»Hier lebe ich«, sagte damals ein Pole in meinem Dorf, »und hier kann ich leben. Ich kann meine Sprache sprechen, zu meinem Gott beten und meine Felder bestellen, wie ich will. Ich werde alle Tage satt, und Durst verspüre ich nie. Die Menschen um mich lassen mich in Frieden, und ich gönne ihnen von Herzen alles, was sie glücklich macht – wie sie das auch mir gönnen. Was will man mehr?«

Einige Ostpreußen jedoch wußten von der besonderen Rolle des einen oder anderen katholischen Geistlichen bei diesem Abstimmungskampf zu berichten. Die wären, meinten sie, mehr polnisch orientiert gewesen. Die hätten sogar anders abstimmende Gleichgläubige als »Verräter angeprangert«. Heute jedoch herausfinden zu wollen, warum so was geschah, ist mehr als nur müßig. Zumal die Ostpreußen gerne sagten: »Wer weiß denn schon, wie es kommt.«

Dann jedoch kam das Jahr 1933, und alles veränderte sich auf eine heute nicht mehr ganz vorstellbare radikale, brutale Weise. Auch in Ostpreußen. Der Haß wurde gesät, und die Vernichtung mußte geerntet werden.

Aus vereinzelten Katenbauern waren, wie über Nacht, erklärte Herrenmenschen geworden. Knechte betätigten sich als Volksführer, reaktionäre Gutsbesitzer schwiegen bestürzt, Beamte erwiesen sich nahezu selbstmörderisch als »staatstreu«. Die »neue Zeit« fand auch in Ostpreußen prompt ihre Bannerträger – selbst hier, ist man versucht zu sagen. Denn auch hier wurde brutal-berechnet und betörend-erfolgreich mit den schönsten Werten spekuliert, die diese Ostpreußen jemals anzubieten hatten – mit ihrem gläubigen Vertrauen. Und ihrer hingebungsvollen Heimattreue.

Sie wurden betrogen. Aber eben das erkennen zu müssen, schmerzt sie. Es will ihnen sinnlos vorkommen. Und das, meinen sie, hätten sie am allerwenigsten verdient. Was ja auch stimmt. Doch wer nimmt Rücksicht darauf?

Wenige Wochen nur – als sich das Jahr 1945 blutig blicken ließ –

und dann gab es kein Land Ostpreußen mehr. Damals kamen die Russen zum dritten Male. Und danach vegetierten nur noch überlebende Menschen, die sich dennoch Ostpreußen nannten. Sie schleppten die Liebe zu ihrer Heimat mit sich.

29. Kapitel

# Das Leben – ein Fest

*Beschreibung einer Hochzeit im Oberland*

Wenn es jemals in unserem abgelegenen Dorf Todfeinde gegeben hat, dann sind das die Bauern Kwass und Pokorny gewesen. Sie haßten sich, und nur hierin waren sie sich einig, »wie die Pest«. Das aber sollte zu einem der schönsten, rauschendsten Feste führen, die es wohl jemals in unserem Lande gegeben hat.

Die Gründe, die zu diesem erklärten Kriegszustand geführt hatten, mögen Außenstehenden als simpel erscheinen – sie sind das jedoch keinesfalls gewesen. Vielmehr hat es sich dabei um die Ehre gehandelt, um eine spezifisch ostpreußische noch dazu, womit wahrlich nicht zu spaßen war. Tiefste Gefühle waren schwer verletzt worden, und zwar vorsätzlich; und das schrie nach Rache. Kwass und Pokorny lechzten geradezu danach.

Der Bauer Kwass hockte im Süden des Dorfes, ein kleiner, gedrungener, spitznäsiger Mann mit schneller Zunge und flinken Augen. Er bewirtschaftete, gemeinsam mit seinem Sohn, der gemeinhin, und durchaus zutreffend, nur das »Riesenbaby« genannt wurde, einen stickigen, sauren Moorboden, der nicht sonderlich viel hergab, so daß er sich auf das Züchten von Enten verlegte, die ihm alsbald zur guten Einnahmequelle wurden – denn sie waren vorzüglich im Fleisch und besaßen zugleich einen herben, herzhaften Wildgeschmack.

Der Bauer Pokorny aber thronte im Norden des Dorfes, wo ihm umfangreiche Ländereien gehörten, dazu eine stattliche Herde Milchkühe und ein Schweinebestand, der in die Dutzende ging. So wirkte auch Pokorny selbst – wie eingebettet in füllige Fleischlichkeit, mit blanken Augen und gern gefalteten Händen. Seine nicht minder stattliche Frau stand in dem erstaunlichen Verdacht, Klavier spielen zu können, zumindest pflegte sie regelmäßig illustrierte Zeitungen zu lesen; und seine Tochter war nicht nur von großer Schönheit, sondern auch mit allen möglichen ostpreußischen Hausfrauenfähigkeiten begabt – sie konnte meisterhaft kochen.

So hätte denn Pokorny im Norden der zwar ungekrönte, doch weithin unbestrittene König unseres Dorfes sein können – wenn nicht, im Süden, dieser Kwass existiert haben würde. Denn der, und nur der, erkannte ihn nicht an. Mehr noch als das – der forderte ihn ständig heraus. Und das mit Methoden, die unbegreiflich gewagt erscheinen wollten.

Das begann völlig harmlos. König Pokorny hatte den Kärrner Kwass zu sich gebeten, mit der Großzügigkeit eines Mannes, der sich Entgegenkommen leisten kann – er wollte weiter nichts als das uneingeschränkte Jagdrecht auf den südlichen Moorwiesen. Er kredenzte dabei seinen selbstgebrauten Getreideschnaps. Doch Kwass roch lediglich daran, schob dann das Glas von sich und sagte: »Besseres Wasser! Lauwarm noch dazu!«

Das aber war für Pokorny, nach landesüblichen Maßstäben, eine schwere Beleidigung, war wie ein Schlag ins Gesicht. Er vermochte ihn nicht zu überwinden, versuchte aber dennoch, sich zu beherrschen. Sie trennten sich voneinander wie schnuppernde, bißbereite Hunde. Fortan belauerten sie sich.

Der zweite schwere Schlag fiel dann nur wenige Wochen später, auf dem sommerlichen Schützenfest der Freiwilligen Feuerwehr. Dort pflegte sich Pokorny regelmäßig als Sieger zu präsentieren, nachdem er im voraus zielstrebige Stiftungen gemacht hatte. In diesem Sommer jedoch machte ihm Kwass, der sonst nie ein Gewehr in die Hand nahm, wirksame Konkurrenz – er, nicht Pokorny, wurde Schützenkönig.

»Das«, schnaufte hierauf Pokorny, »ist eine Gemeinheit von dir!«

»Ich bin eben der Bessere«, sagte Kwass herausfordernd gelassen, »zumindest der bessere Schütze.«

Der dritte, nicht minder schwere Schlag, ließ dann nicht mehr lange auf sich warten. Bereits früh im Winter des gleichen Jahres verirrte sich in unsere Gegend ein Wolf. Und Pokorny begann sofort eine großangelegte Treibjagd zu organisieren, rief alle erreichbaren Männer auf, traktierte sie mit Branntwein und Brühwurst, verstieg sich zu einer Feldherrnrede – und mußte, genau dabei, erleben, daß Kwass herbeigekarrt kam und ihm den erlegten Wolf vor die Füße warf. Wortlos, doch grinsend.

Und damit war das Maß voll. Pokorny fand keine Worte für das, was man ihm anzutun gewagt hatte. Dann aber machte er sozusagen »reinen Tisch« – zumindest versuchte er das. Er erklärte: »Dieser Kerl ist mein geschworener Feind!« Und dann forderte er: »Jetzt muß man sich entscheiden – entweder für ihn oder für mich!«

Doch Pokorny hatte nicht mit der angeborenen Schlauheit seiner ostpreußischen Mitmenschen gerechnet – vermutlich konnte er das auch gar nicht mehr; er hatte sich inzwischen daran gewöhnt, daß man seine Wünsche wie Befehle entgegennahm. Damit jedoch war er einer nicht unbedenklichen Täuschung unterlegen. Denn diejenigen, die er heimlich und bereitwillig für seine Untertanen gehalten hatte, ergeben seinen finanziellen und wirtschaftlichen Möglichkeiten, sie schienen sich, den Umständen durchaus angemessen, als kluge Rechner zu erweisen.

Sie sagten sich nämlich: der will was von uns – und scheint es sich sogar einiges kosten lassen zu wollen. Mal sehen: wieviel! Und so meinten sie dann listig: dieser Kwass ist gelegentlich auch uns ein Dorn im Auge; doch eine gewisse Daseinsberechtigung kann selbst ihm wohl keiner absprechen. So müsse, wurde Pokorny versichert und Kwass hinterbracht, zunächst jeder erst einmal zu beweisen versuchen, wo nun, überzeugend, die wirklich wahren Werte vorhanden seien.

Diese freudig ausgebrütete doppelte Herausforderung sollte denn auch alsbald die seltsamsten Blüten treiben. Pokorny und Kwass versuchten sich gegenseitig – angeblich im Dienst an der Gemeinschaft – zu übertreffen: stiftete der eine eine neue Feuerspritze, stiftete der andere drei Schlauchlängen und ein besonders lautstarkes Feuerhorn dazu; ließ der eine für die Schulkinder einen Spielplatz bauen, kaufte ihnen der andere Faust-, Medizin- und Fußbälle; versorgte der eine eigenhändig zwei Heldenwitwen, ließ der andere von ebendenselben, gut bezahlt, versteht sich, eine schöne Kriegervereinsfahne sticken. Und schließlich bauten beide sogar an einem neuen Ehrenmal.

»Du, Pokorny«, versicherten seine Mitbürger wie gerührt, »bist gewiß ein guter Mensch – aber dieser Kwass gibt sich immerhin auch einige Mühe.«

»Aber wie lange noch!« rief dann Pokorny, durchaus zuversichtlich. »Dem geht bald die Luft aus, wenn der so weitermacht. Der hat jetzt schon mehr Schulden als Haare auf dem Kopf. Nicht mehr lange, und der wird vor mir winseln. Denn jetzt werde ich mal die Kirche renovieren lassen – und da kann der nicht mithalten.«

Vermutlich wäre es denn auch so und nicht anders gekommen – mit einem Pokorny hätte ein Kwass, in rein finanzieller Hinsicht, auf die Dauer niemals Schritt halten können. Kwass hatte sich eben auf eine Art Glatteis locken lassen wie ein Esel. Sein Ruin wäre ziemlich sicher gewesen, wenn sich nicht inzwischen – von allen unbemerkt – ein Ereignis angebahnt hätte, das alsbald zu den denkwürdigsten Überraschungen führen sollte.

Denn weder die das Feuer schürenden Dorfpolitiker noch die mächtig amüsierten Mitbürger und schon gar nicht die verbissen eifrigen Hauptakteure, Pokorny und Kwass, hatten auf eine Begegnung geachtet, die anläßlich der Einweihung einer neuen Ehrentafel aus deutschem Marmor, Stifter also Pokorny, in der Kirche stattfand – das »Riesenbaby« des Kwass war auf die prächtige Pokornytochter geprallt. Er hatte sie angestarrt, und sie schlug, blinzelnd, die Augen nieder. Mehr geschah im Augenblick nicht – aber damit war bereits alles geschehen.

Etliche Tage später stolperte dann das »Riesenbaby« über das Prachtkind, das im benachbarten Walde saß, genau an jenem Fußweg, der zu einem der vier Weiher mit den Kwass-Enten führte. Und das »Riesenbaby« blieb, wie angewurzelt, stehen, starrte sie nur an, sagte also lange Zeit nichts, was jedoch Bände sprach.

Schließlich erklärte er mit mächtiger Begeisterung: »Du bist eine Wucht!«

Und die prächtige Pokornytochter sah ihn lächelnd an und sagte: »Kann sein, daß ich in deinen Augen eine Wucht bin – aber was willst du damit anfangen?«

»Alles«, entgegnete der wortkarge Riesensohn des Kwass feierlich.

Und damit waren sie verlobt.

Als Pokorny das erfuhr – und es war seine eigene Tochter, die ihn darüber aufklärte –, glaubte er seinen Ohren nicht zu trauen. Kurze Zeit zog er auch in Erwägung, Opfer eines Scherzes, eines denkbar schlechten Scherzes geworden zu sein – doch er erkannte schnell, daß so etwas in Ostpreußen, einem Vater gegenüber, einfach undenkbar war; was aber bedeutete: die Sache war ernst. Er überwand seine Bestürzung und erklärte kategorisch: »Jeden anderen – den nicht!«

»Nur den«, sagte die Tochter.

Hierauf durchquerte Pokorny, mit einer Schrotflinte in der Hand, hochrot und schnaufend das Dorf – von Norden bis zum Süden. Vor dem Gasthof machte er vorsorglich Station und brüllte nach Kwass, das jedoch vergeblich – doch immerhin mit dem Erfolg, daß das Dorf in freudige Erwartung geriet und unmittelbar Anteil zu nehmen begehrte. Kwass selbst wartete vor dem Tor seines Hofes – gleichfalls mit einer Schrotflinte in der Hand.

So standen sie denn einander gegenüber, auf zwanzig Schritt Entfernung etwa, und blickten sich grimmig an. Herbeigeeilte Mitbürger, jedoch nur Kinder und Männer, hatten respektvoll Abstand genommen; wußte doch jeder von ihnen, was ein Schußfeld war und wie groß die Streuung einer Schrotflinte. Etliche Frauen lauerten im Hintergrund. Angespannte Stille zunächst.

Dann rief Pokorny bebend zu Kwass hinüber: »Dein Sohn hat seine dreckigen Pfoten nach meiner Tochter ausgestreckt!«

Und Kwass rief verkniffen zurück: »Blöd mag er sein – aber so blöd ja nun auch wieder nicht!«

»Das«, schrie Pokorny, »hat mir meine Tochter selbst gesagt!«

Diese Eröffnung traf Kwass – dennoch versuchte er, verächtlich aufzulachen. »Wenn du unbedingt Streit haben willst, dann brauchst du das nur zu sagen – aber versuche nicht noch einmal zu behaupten, daß mein Sohn seinen Vater hintergeht, noch dazu mit einem Weibsbild, das deine Tochter ist!«

»Schußfeld frei!« schrie Pokorny auf und fuchtelte mit seiner Flinte.

Doch hinter Kwass war inzwischen das »Riesenbaby« aufgetaucht und schritt jetzt gemütvoll-gewichtig, nilpferdhaft, an seinem Vater vorbei, Pokorny entgegen. Genau mitten zwischen diesen blieb er stehen, verschränkte die Hände über der Brust und schien kindhaft zu lächeln.

Dann sagte er zu seinem Vater: »Willst du auf deinen Sohn schießen?«

Und zu Pokorny sagte er: »Willst du auf den Vater deines Enkelkindes schießen?«

Hierauf senkten Kwass und Pokorny die Flinten, starrten den mächtigen Menschen zwischen sich an, gingen dann auf ihn zu, blieben vor ihm stehen. Kwass holte weit aus und verabreichte seinem Sohn eine schallende Ohrfeige. »Dies als dein Vater«, sagte er. Und dann schlug Pokorny zu; es knallte wie ein Schuß. »Dies als dein Schwiegervater«, sagte er.

»Dann können wir ja Hochzeit machen«, sagte das »Riesenbaby« grinsend.

Das aber war, nach Lage der Dinge, wohl unvermeidlich geworden – beide sahen das denn auch ein; murrend, sogar fluchend, gegenseitige Verwünschungen aussprechend. Doch sie einigten sich alsbald, immer noch mit ihren Schrotflinten im Gelände stehend; sie legten den nächsten besten Hochzeitstermin fest, die Mitgift, die Erbregelung. Alles das geschah ziemlich großzügig, denn sie hatten es eilig, sich wieder aus den Augen zu verlieren. Die angesammelten, auf respektvolle Entfernung zurückgescheuchten Mitbürger vernahmen zwar nichts davon, ahnten jedoch vieles – und sie erkannten mit ihrem sicheren Instinkt: abermals bahnte sich im Dorfe Großes an.

»Die Hochzeit«, meinte dann Kwass mit verdächtiger Biederkeit, »werde ich ausrichten – so was kann ich besser als du. Denn bei dir wird man womöglich wieder lauwarmes Wasser als Schnaps vorgesetzt bekommen.«

»Das kommt gar nicht in Frage!« rief Pokorny sofort und entschieden. »Hochzeiten finden grundsätzlich im Hause der Braut statt. Und das eine kann ich dir versichern, Kwass – es wird eine Hochzeit geben, an die noch unsere Kinder und Kindeskinder mit Tränen in den Augen zurückdenken werden.« Was dann auch stimmen sollte.

»Also gut«, meinte Kwass, wie nachgebend. »Dann werde ich mich also darauf beschränken, für meinen Sohn einen Polterabend zu veranstalten.«

Was diese Ankündigung zu bedeuten hatte, war Pokorny sofort klar – dieser Kwass würde versuchen, ihm sozusagen den Wind aus den Segeln zu nehmen. Das jedoch, schwor Pokorny sich, vergeblich! Dem würde er es zeigen – und dem ganzen Dorf dazu. Und genau darauf wartete dann auch das ganze Dorf.

Sie verabschiedeten sich, ohne sich die Hand zu reichen. Das stumm danebenstehende »Riesenbaby« wurde keines Blickes gewürdigt, weder vom Vater noch vom Schwiegervater. Aber das war dem nur recht. Des Dorfes verdienstvoller Sohn eilte flugs zum Wald hin, wo er sein prächtiges Marjellchen traf und dann dort das entstehen ließ, was er bereits vorsorglich angekündigt hatte – ein Enkelkind. Und zu dessen zukünftiger Mutter sagte er lediglich, wortkarg wie immer: »Sicher ist sicher!«

Fast zur gleichen Zeit begannen auch die Väter, an ihren Plänen zu schmieden. Jeder gedachte den anderen möglichst wirkungsvoll zu übertreffen. Und die Bürger des Dorfes waren mit Wonne bereit, sich davon überzeugen zu lassen. Sie sollten nicht enttäuscht werden.

Zunächst fand eine Art Arbeitssitzung aller Vorstände und Führungsgremien der örtlichen Vereine und Verbände statt – sie sollten Organisationspläne erstellen und Vorschläge für die Festgestaltung vortragen. Das war des Kwass Idee gewesen, doch Pokorny übernahm sie unverzüglich, beteiligte sich an den Unkosten, erweiterte diese illustre Gesellschaft durch Bürgermeister, Gemeinderat, Pfarrer, Kirchenvorstand, Amtsvorsteher, Bauernverbandsfunktionäre. Zwar kam bei dieser Veranstaltung nichts weiter heraus als eine große Besäufnis – doch die genügte völlig.

»Da bahnt sich ja allerhand an«, sagten einige Frauen, die ihre Männer abschleppten.

Daß dem tatsächlich so war, ließ sich alsbald bei den Kwass-Vorbereitungen zum sogenannten Polterabend erahnen – nichts anderes, nichts Geringeres schien dem vorzuschweben als ein Volksvergnügen größten Ausmaßes. Damit brachte er sich zwar bis an den Rand des Ruins, aber das war ihm vollkommen gleichgültig. Unbedenklich opferte er an die zweihundert seiner fleischhaltigen, nach Wild schmeckenden Moorenten dafür; und dazu drei Stück Rindvieh und fünf Mastschweine. Auch soll er sogar einen Hektar Wald verkauft haben.

Das Ergebnis war denn auch ungewöhnlich. Der Tag des Polterabends begann mit einem Fest für die Kinder – sie hüpften in Säkken, trugen Eier auf Löffeln zielwärts, schnappten nach hängenden Würsten und wurden mit Sahnebonbons randvoll gestopft. Mehr als zehn Prozent aller Teilnehmer soll noch am gleichen Abend, wonnig stöhnend, an herrlicher Magenverstimmung gelitten haben.

»Was – nur zehn Prozent?« fragte der mißtrauisch beobachtende Pokorny mit leicht verächtlichen Untertönen, wobei er jedoch recht angestrengt wirkte.

Am Abend gab es ein Tanzvergnügen im Gasthaus – jeder Mitbürger des Dorfes, sofern erwachsen, war eingeladen; Bier in jeder gewünschten Menge stand zur Verfügung, Schnaps auch. In den Pausen wurden schüsselweise Stärkungen herumgereicht: unterarmlange saftige Fleischwürste, fettblanke Heringe, dickwulstige gebratene Klopse. Zwei vereinigte Blasorchester tönten, daß die Wände zitterten und der Kalk rieselte.

»Ganz schön laut«, sagte Pokorny im Ton mühsamer Anerkennung. »Aber ich habe da auch so meine Überraschungen – und das wirst du morgen zugeben müssen, Kwass, wenn du ehrlich bist.«

Pokorny hatte – für den Tag der Hochzeit – alle Quellen angezapft, die überhaupt erreichbar waren. Und nicht nur zwei Blasorchester spielten für ihn, sondern sogar drei; nacheinander. Und die konnten sich ebenso hören wie auch sehen lassen. Das Dorf war voller Blechmusik.

Während der Trauung konzertierte die kirchliche Bläsergemeinschaft des Kreises – ein Posaunenchor; in blauen Anzügen, mit weißen Schillerkragen und eingeübt feierlichen Gesichtern. Auf den Weg zum Brautvaterhaus geleitete die Feiergäste eine Gruppe Hornbläser in verblichenem Jagdgehilfengrün, doch beachtlich lungenstark – sie ließen fröhliche Weisen erklingen, Volksliedhaftes, Marschähnliches, Halali und Waidmannsheil. Letztgenanntes später dann auch, höchst sinnig, vor den Fenstern des Schlafzimmers des jungen Ehepaares, was aber kaum noch nötig war.

Den musikalisch-stimmungsfördernden Höhepunkt lieferte das von Pokorny verpflichtete Orchester des traditionsbewußten Osteroder Infanteriebataillons. An die dreißig ausgesuchte Mann, unter der persönlichen Leitung eines halbwegs im Offiziersrang befindlichen »Musikmeisters«, waren auf ein im Garten aufgebautes Podium plaziert worden. Hier intonierten sie zunächst, während des ersten großen Festmahles – es gab deren drei – Hochkünstlerisches, mit militärischem Fleiß dargeboten, einiges von Rossini, etliches von Strauß und Lehár, dazwischen immer wieder, was sicher gut für die Verdauung war, einheimische Marschmusik.

»Gar nicht schlecht«, würgte Kwass hervor. Das feststellen zu müssen, widerstrebte ihm mächtig – doch er stellte es fest. Denn der Ostpreußen ausgeprägter Sinn für Gerechtigkeit beherrschte auch ihn, sogar, wenn es sich um einen Pokorny handelte. Und der wußte das. Die Festgäste wußten das natürlich auch.

So ließen sie sich denn niemals völlig ablenken – weder durch die Blasmusik, nicht einmal von den Bratenschüsseln und schon gar nicht durch das Brautpaar – das beachtete kaum einer, und ihm war das nur recht. Hauptpersonen waren Pokorny und Kwass, um die allein ging es. Und was auch immer bei dieser entscheidenden Begegnung herausspringen würde, ob nun weitere Todfeindschaft oder neue Freundschaft fürs Leben – für die lieben Mitbewohner ergab sich eine Fülle von Möglichkeiten; aber eben die galt es rechtzeitig zu erkennen.

Pokorny jedenfalls hatte sich in erhebliche Unkosten, finanzieller und sogar auch geistiger Natur, gestürzt – er hatte organisiert, alle Vorbereitungen persönlich überwacht, hier und dort mit Hand angelegt, nur um Kwass zu einer öffentlich geäußerten Anerkennung zu zwingen. Das allein wäre sein vollkommener Triumph gewesen.

Und dem glaubte er denn auch nahe zu sein. Mal hochrot und schweißglänzend vor Anstrengung, dann wieder fahl, fast grau im Gesicht, oftmals schnaufend, gelegentlich keuchend hustend, dirigierte er die Freßschüsseln herbei und ließ sie vor Kwass aufbauen – die Schweinebraten, Rehrücken und Kalbsköpfe, die goldbraun gebackenen Gänse, Hühner und Tauben, die Aale in Gelee und die Karpfen in Bier, die wonnig bibbernden Sülzen, die handwarmen Kuchen, die schwerduftenden Süßigkeiten.

»Nun ja, nun ja«, meinte Kwass, dem das Wasser im Munde zusammenlief, »das ist gewiß nicht wenig.« Er griff nach einem Hühnerflügel und kaute daran; hierauf probierte er die Kruste des Schweinebratens; sodann ließ er ein kindskopfgroßes Stück Sülze in sich hineingleiten, schob zwei Stück Marzipan nach sowie das mildfleischige Mittelstück eines Aales. »Recht beachtlich«, mußte er zugestehen.

»Was fehlt denn noch?« wollte Pokorny nahezu erschöpft wissen.

»Der Schnaps«, sagte Kwass sachverständig. »Ein Schnaps, der einem Fest wie diesem angemessen ist – der aber müßte denkbar hochprozentig sein, kristallklar wie Quellwasser und noch dazu gletscherkalt. Das aber, Pokorny, kannst du nicht schaffen – nicht in dieser Jahreszeit, mitten im Hochsommer.«

»Das«, erklärte nunmehr Pokorny, schwer schnaufend, jetzt mit einem Gesicht wie eine rotreife Tomate, und so, als hätte er ein Leben lang lediglich auf diesen Augenblick hingearbeitet, »das kann ich dir bieten – genau das.«

Und nun winkte Pokorny, mit großer Geste, seinen ersten Knecht herbei, der zugleich auch sein wohl einziger Vertrauter war – und der schien auf diesen Wink gelauert zu haben. Und der transportierte herbei: einen waschwannengroßen Eichenholzkübel, der bis zum Rand mit faustgroßen Eisstücken gefüllt war – und mitten darin gelagert: ein halbes Dutzend Flaschen.

Kwass staunte ehrlich. Er sah fast andächtig zu, wie Pokorny diesem klirrenden Eisgewässer eine Flasche entnahm, sie zeremoniell aufkorkte, zwei Gläser füllte – eins davon wurde ihm hingereicht. Und Kwass roch daran – roch schweren Waldesduft, der besagte, daß dieser Schnaps über abgelagerten Wacholder geflossen war. Kwass kostete davon – und er kostete betäubende Schwere, berauschende Schärfe, die jedoch frei von jeder aufdringlichen Genußgewalt war; ungemein wohltuende Hochwinterkälte kam hinzu, der allein es gegeben war, dem Gehirn dampfende Dumpfheit zu ersparen.

Kwass trank sein Glas leer und sagte dann: »Herrlich!«

Und damit war alles gesagt. Pokorny atmete auf, stieß hastige Töne der Befriedigung von sich, füllte des Kwass Glas erneut und blickte dann beglückt und mächtig erregt um sich. Er hatte triumphiert. Und seine Umgebung rief »Hurra!«, auch »Bravo!«, und auch »Gott sei Dank!« Einer ungemein heiteren Harmonie stand nun nichts mehr im Wege.

So tranken sie dann gemeinsam, speisten sich durch die Stunden, durchtanzten verdauungsfördernd die Nacht, tanzten sogar nach den Klängen des »Deutschlandliedes« einen flotten Schieber, ohne sich irgend etwas dabei zu denken. Sogar ohne jemand zu finden, der ihnen eingeredet hätte, daß sie sich einiges dabei hätten denken müssen – denn Pfarrer und Bürgermeister lagen bereits unter dem Tisch. Ein einzigartiges Fest und niemand, der es störte.

Pokorny und Kwass rückten näher aneinander, nachdem sie die erste Flasche geleert hatten; sie begannen, sich nach der zweiten gemeinsamen Flasche auf die Schultern zu schlagen. Bei der dritten Flasche umarmten sie sich bereits. Die gleichfalls großzügig traktierten Musiksoldaten intonierten gerade das schöne Marschlied von den »Alten Kameraden«, als Pokorny, rauschhaft begeistert, mit heißglänzenden Fieberaugen, die vierte Flasche öffnete. Er fegte die normalen Schnapsgläser vom Tisch und zog zwei Wassergläser herbei – und die füllte er bis zum Rand.

Er trank sein Glas in einem Zug leer. Stehend. Danach, wie salutierend, rief er aus: »Auf unser geliebtes Ostpreußen und seine Menschen!« Worauf er zusammenbrach, wie wenn ein kurzer, heftiger Sturm ihm beide Beine geknickt hätte. Gleich einem gefällten Baum lag er da – und war tot.

»Herrgott!« rief der Kwass leicht taumelnd aus. »Das wird ein Begräbnis werden! So eins hat diese Welt noch nie gesehen – dafür garantiere ich.«

Doch durch die starrende, erstarrte, ungläubige, hilflose, völlig verwirrte Menge der Festgäste, die nun unvermeidlich Trauerfeierteilnehmer geworden waren, schob sich das bisher nahezu unbeachtete »Riesenbaby«, stellte sich breitbeinig auf und erklärte, als habe er den Kantschen Imperativ vorzutragen: »Ein Fest von der gleichen Qualität wird diesem folgen – aber erst dann, wenn mein werter Vater dem Vater meiner lieben Frau gefolgt ist. Das wird von mir garantiert.«

Das, so erkannten unsere Dorfbewohner sogleich, war ein Machtwort – und ein ziemlich verbindliches noch dazu. Denn Kwass hatte sich bereits ruiniert; und die Reste des Pokorny-Vermögens gehörten nunmehr dessen Tochter und damit auch deren Mann, also dem Kwass-Sohn.

Der allein war in dieser Nacht zur maßgeblichen Persönlichkeit des Dorfes geworden. Und dessen schien er, der bisher Unbeachtete, sich denn auch voll bewußt zu sein. Er legte einen seiner mächtigen Arme auf die wohlgerundeten Schultern seiner Frau und schritt mit ihr davon.

Und so kam es, daß in unserem Dorf – wenn auch zumeist nur sehr still und äußerst heimlich – nichts sehnlicher erwartet wurde als der Tod des Bauern Kwass. Allein sein Dahinscheiden vermochte das Tor zu neuerlichen Festesfreuden voll und ganz zu öffnen.

Menschen sind nun mal so.

30. Kapitel

# Abschied ohne Wiedersehen

Quod petis, in te est; ne tu quaesieris extra.
(Was du begehrst, trägst du in dir; such es nicht draußen.)
Kant, 1772.

*Einem Ostpreußen ins Stammbuch geschrieben*

Alle Geschichten unseres Landes, die sich in den letzten Jahrzehnten Ostpreußens abspielten, konnten zu keinem normalen Ende kommen. Die Zeit, in die wir hineingeboren waren, ließ das nicht zu.

Pokorny etwa starb 1932. Und Kwass überlebte ihn um etwas mehr als zwölf Jahre – dann wurde er am Tor seines Hofes erschlagen. Sein Sohn, das »Riesenbaby«, verendete als Soldat in einem russischen Schneefeld. Dessen Frau, das Prachtgeschöpf, versank auf der Flucht mit einem einst luxuriösen Kraft-durch-Freude-Dampfer – gemeinsam mit ihren drei Kindern.

Unser schönes Dorf ist nicht mehr. Es geriet mitten in ein Artillerieduell zwischen sowjetischen und großdeutschen Truppen, wurde zertrümmert und dann durch nachrückende Panzer dem Erdboden gleichgewalzt. Nicht einmal mehr ein anderer, ein neuer, ein polnischer Name ist von diesem meinem einstigen Dorf übriggeblieben.

Nicht nur zwölf schäbige und scheußliche Nazijahre sind dort radikal ausgelöscht worden – auch die Zeitspanne davor. Und damit auch jenes einzigartige Lebensgefühl, das uns damals in Ostpreußen glauben ließ, ein untrennbarer Teil der Schöpfung gewesen zu sein.

Auch heute noch existieren Ostpreußen, die nichts als Ostpreußen sein wollen. Ihre Heimat ist ihre Welt gewesen. Dabei bemühen sie sich, eine sie entlastende Rechnung aufzustellen. Etwa diese:

1930 suchte eine große Trockenheit dieses Land heim. Mehr als eintausend Güter und Höfe kamen zur Zwangsversteigerung. Die Not war groß. Sogar Hunger stellte sich ein.

Danach kamen die Nazis. Aber gerade die heimatbewußten Ostpreußen vermögen sich nicht mit ihnen zu identifizieren. Sie können nicht vergessen, daß ihr Gauleiter, er hieß Koch, ausrief: »Wer hier noch einmal von Räumung spricht, ist ein Verräter!« Und ein Kreisleiter versicherte, während er bereits türmte, daß »der Endsieg unser sein wird«.

Noch ein Menschenalter danach, mehr als zwanzig Jahre später, gestand dann ein überaus bewußter journalistischer Heimatpfleger spürbar grollend, als er die dazugehörenden Dokumente veröffentlichte: »...wird dieser Aufruf (der des flüchtenden Kreisleiters) sehr bittere Gedanken und Gefühle wecken«.

Doch »es ist und bleibt ein wichtiges historisches Dokument«. Sei's drum!

Über dieses ebenso seltsame wie eigenwillige, aber auch oftmals betörend schöne Land sind etliche hundert Bücher geschrieben worden. So manches darunter, das von großer, zwingender Bekenntniskraft ist. Die Skala der Wahrnehmungen, Mutmaßungen und Überzeugungen scheint dabei endlos.

Über jede Stadt, über so manches Dorf und gewiß über jeden einzelnen Landstrich darin ließe sich verschwenderisch Vielseitiges berichten. So etwa über Tilsit, und dabei nicht etwa nur über die dort konzentrierte einzigartige Käseproduktion. Auch die Flüsse und Ströme dieses Landes sind voller Geschichten und Geheimnisse – nicht nur der Pregel, auch die Alle, die Instra und die Memel in Besonderheit.

Wer etwa die Memel, hinter der das Memelland begann, von Ragnit auf Tilsit zu durchschiffte, der erblickte: die satte Stille weiter Wiesen, geduldige Mühlen, unendlich standfeste Kiefern. Dazwischen Rinder, bis zum Bauch im dichten Gras; sodann stolze Störche, Bienenstöcke in reicher Zahl, Pferde ohne Sattel; weiter geduckte Dächer, diese jedoch geschmückt mit Holzkreuz und stilisiertem Pferdekopf.

In diesem Ostpreußen gab es auch zahlreiche, weitabgelegene Forsthäuser – von einem von ihnen aus eroberte sich Ernst Wiechert einen beachtlichen Platz in der Literatur. Die Soldaten, die in diesem Lande stationiert waren, suchten und fanden schnell ein verblüffend inniges Verhältnis zu seinen Bewohnern. Sogar über diverse, heftig genossene Jagdfreuden existieren zahlreiche Bücher.

Auch über die Wonnen der Erntefeste ist viel Herzerfreuendes geschrieben worden. Aber auch über die vernichtende Sprachgewalt der »Königsberger Fischweiber«, die mindestens zwei Zentner wiegen mußten, um zu überzeugen – und sie wogen zumeist weit mehr als nur das. Auch gab es die merkwürdigsten, oft sehr makabren Spukgeschichten in diesem Land – ein E. T. A. Hoffmann war auch in diesem Punkt kein ostpreußischer Außenseiter.

Doch an den Randgebieten sammelten sich gierige Möwen – und immer wieder tauchten Wölfe auf. Auch mit »Wolfsmenschen« beschäftigen sich einige Sagen. Das darf man nicht vergessen – besonders nicht bei dem, was dann, wie unvermeidlich, doch wahrhaft unverdient, kam.

Hunderttausende haben eine Heimat verloren, ohne ihre Hoffnung darauf völlig aufgeben zu können. Doch für nicht wenige von ihnen ist diese wuchernde Sehnsucht zu einem sich immer mehr verflüchtigenden Traum geworden. Doch solange sie noch können, geben sie sich dem immer wieder, bereitwillig, hin. Denn sie beginnen zu erahnen, was sie wirklich verloren haben.

Jener naiv spintisierende Professor, der da behauptet hatte, und das nahezu ernsthaft: das Paradies müsse in Ostpreußen gelegen haben – dieser seltsame, hingebungsvolle Nabelbeschauer hatte zumindest ganz instinktiv eins zwingend erkannt: diese inzwischen fürchterlich glatt und erbarmungslos kalt manipulierte menschliche Gesellschaft ist völlig und endgültig verloren, wenn sie nicht mehr die Kraft hat, sich möglicher letzter Paradiese, die ihr gerade noch vergönnt gewesen sind, weitzeugend zu erinnern.

Unser Ostpreußen gehört unbezweifelbar dazu.

# Inhalt